TQ113723

Printed in the United States
By Bookmasters

الأصوات اللغوية عند ابن سينا
عيوب النطق وعلاجه

الطبعة الأولى

1430هـ - 2009م

الأكاديميون للنشر والتوزيع

المملكة الأردنية الهاشمية
عمان - مقابل البوابة الرئيسية للجامعة الأردنية
تلفاكس: 06 5330508

E-mail: academpub@yahoo.com

رقم الإيداع لدى المكتبة الوطنية
2008/8/2750

رقم التصنيف: 411

المؤلف ومن في حكمه:
د.نادر جرادات

الناشر
الأكاديميون للنشر والتوزيع
عمان - الأردن

عنوان الكتاب:
الأصوات اللغوية عند ابن سينا: عيوب النطق وعلاجه

الواصفات:/اللغة العربية//الأصوات//النطق//علم الأصوات//صعوبات التعلم//التعلم//الأصوات

الأصوات اللغوية عند ابن سينا
عيوب النطق وعلاجه
(370-428هـ/980-1036م)

الدكتور
نادر أحمد جرادات

الأكاديميون للنشر والتوزيع

المقدمة

الحمد لله ، المنان المتفضل، الذي أنعم عليَّ بنعمه الكثيرة، وساعدني على أن أكمل دراستي العليا باللسان العربي. والصلاة والسلام على رسوله الكريم، أفصح من نطق بهذا اللسان المبين.

لقد قدر لي أن أتناول الأصوات عند أشهر علماء المسلمين في القرن الرابع الهجري ومطلع القرن الخامس الهجري وهو الشيخ الرئيس ابن سينا المتوفى سنة (428هـ) وقد بدأت صلتي بهذا البحث حين كتبت تقريراً عن ابن سينا في مساق الأصوات الذي يدرسه أستاذي د. علي النعيم، وقد شجعني أستاذي على مواصلة البحث فيه، فجعلته موضوع رسالتي هذه. وقد رغبت في دراسة هذا الموضوع من أجل حفظ حقوق علمائنا العرب الذين خدموا العربية وقدموا للإنسانية علوماً ومعارف حظيت بإعجاب الدارسين في كل زمان ومكان. فعلماؤنا هم من أوائل من درس الصوت اللغوي وقاموا بتحليله، حيث لم يسبقهم لذلك إلا الهنود ثم لاعتقادي الجازم أن هذه العلوم الحديثة لها أصولها في تراثنا العربي والإسلامي.

ولا عجب أن يقوم هذا العالم الموسوعي بتوظيف خبرته التشريحية والفيزيائية والطبية والوظيفية الفسيولوجية في خدمة هذا العلم.

ومنهجي في هذه الدراسة منهج وصفي تقابلي. وقد اعتمدت على كتب ابن سينا وبشكل خاص على كتاب القانون، والشفاء، ورسالة أسباب حدوث الحروف. وإن هذه الدراسة التي قمت بها ليست أول دراسة لابن سينا، فقد قام د. محمد صالح الضالع بتأليف كتاب بعنوان "علم الأصوات عند ابن سينا" تناول فيه بإيجاز فيزياء الصوت وفسيولوجيا الصوت والتفكير الفونولوجي عند ابن سينا ولكن الكتاب لم يعط الصورة المتكاملة للأصوات عند ابن سينا وتناول جوانب محددة وترك جوانب كثيرة مهمة في هذا الموضوع.

كذلك أعد د. إبراهيم أنيس محاضرة بعنوان "أصول اللغة عند ابن سينا" في مجمع اللغة العربية -القاهرة عام 1963، وكانت المحاضرة مقتضبة حيث وعد د. إبراهيم أنيس بإخراج كتاب في هذا الموضوع ولعل المنية أدركته قبل أن يكتب هذا الموضوع.

وقد تناول كذلك العديد من الباحثين في رسائلهم دراسة الصوت عند ابن سينا في ثنايا دراساتهم.

ولكي نتوصل هذه الدراسة إلى نتائج مجدية جاءت خطتي في هذه الدراسة متضمنة مقدمة وأربعة فصول وخاتمة، بعد تمهيد يعرف بالمؤلف وبمواضيع الدراسة.

أما الفصل الأول فقد تحدثت فيه عن جهاز النطق عند المحدثين ومقارنة ذلك مع ما ورد عند ابن سينا وبينت فيه دقة وصف ابن سينا لهذا الجهاز سواء كان ذلك تشريحياً أو وظيفياً وتميزه في هذا المجال.

وتحدثت في الفصل الثاني عن مخارج الحروف وصفاتها عند ابن سينا حيث تحدثت عن حرف حرف من حروف المعجم كما رتب ابن سينا هذه المخارج في رسالته "أسباب حدوث الحروف".

وتحدثت في الفصل الثالث عن فيزياء الصوت والسمع وتناولت المصطلحات التي أوردها ابن سنيا كالتموج، والذبذبات، والقرع والقلع والوسط المادي، والحدة والثقل في الصوت وقارنتها مع ما أورده المحدثون في هذا المجال وسجلت تميز ابن سينا في هذا المجال بالرغم من أن ابن سينا لم يتحدث عن صفات الحروف كما فعل من سبقه ومن جاء بعده من العلماء.

وتحدثت في الفصل الرابع عن فونولوجيا الصوت عند ابن سينا تناولت فيه الفونيم وأنواعه والمصوتات العربية، والصوائت العربية، والتداخل اللغوي وحيث أن هذه الرسالة لا تفي بتغطية الجوانب الصوتية عند ابن سينا فقد تركت لمن يأتي بعدي دراسة الجوانب التالية من حيث رمزية الأصوات، النغم، والتنغيم، والموسيقى وغيرها من موضوعات كثيرة تعرض لها ابن سينا في كتبه وخاصة في كتاب الشفاء ورسالة أسباب حدوث الحروف.

وبينت خلال البحث رأي المحدثين في جملة المسائل الصوتية التي تضمنتها هذه الرسالة وأتممتها بخاتمة تمثلت بأبرز النتائج التي توصلت إليها. وبعد فهذا جهدي فإن أكن قد وفقت فيه فبفضل الله تعالى ورحمته، وإن لم أكن فحسبي أنني حاولت، و الله من وراء القصد وهو يهدي السبيل.

المؤلف

تمهيد

الشيخ الرئيس ابن سينا (370 - 428هـ / 980 - 1037م)

اسمه ومولده : هو أبو علي[1] الحسين ابن عبد الله بن علي بن سينا

من كبار فلاسفة العرب وأطبائهم، امتدت شهرته إلى المراكز العلمية في العصور الوسطى في ميادين الفلسفة والعلوم الطبيعية والطب. وقد قال فيه ابن أبي أصيبعة[2] : (هو أشهر من أن يذكر ، وفضائله أظهر من أن تسطر).

1- عيون الأنباء في طبقات الأطباء، موفق الدين أبوالعباس أحمد بن القاسم السّعدي الخزرجيّ المعروف بابن أبي أصيبعة (ت 668هـ)، طبعه وصححه ووضع فهارسه، محمد باسل عيون السود، الطبعة الأولى 1998م ،دار الكتب العلمية ، بيروت - لبنان ، ، ص401- 420.
ينظر معجم الفلاسفة ، إعداد جورج طرابيشي ،الطبعة الأولى 1987م ، دار الطليعة، بيروت - لبنان، ، ص23-27.
ينظر البلغة في تراجم أئمة النحو واللغة، تصنيف مجد الدين الفيروز أبادي (729-817هـ) حققه محمد المصري، بدون طبعة ، مكتبة إحياء التراث في مؤسسة الرسالة ، بيروت – لبنان ، ص90.
ينظر وفيات الأعيان وأنباء أبناء الزمان، لأبي العباس شمس الدين أحمد ابن أبي بكر بن خلكان ، طبعة جديدة ومنقحة ومصححة ومفهرسة قدم لها محمد عبد الرحمن المرعشلي ، أعد فهارسها رياض عبد الله عبد الهادي ،الطبعة الأولى 1997م، دار إحياء التراث ، بيروت – لبنان، ، ج2، ص157.
ينظر معجم الأعلام ، خير الدين الزركلي ، الطبعة الثالثة ، 1992م ،دار العلم للملايين ، بيروت- لبنان ، ج2، ص260.
خزانة الأدب وغاية الأرب ،أبو بكر ابن علي ابن عبد الله المعروف بابن حجة الحموي (767 -837هـ) دراسة وتحقيق د. كوكب دياب ، ط1 2001م دار صادر بيروت لبنان . ص466.
لسان الميزان ، شيخ الاسلام شهاب الدين احمد ابن علي ابن محمد الشهير بابن حجر العسقلاني حقق نصوصه وعلق عليه مكتب التحقيق باشراف محمد عبد الرحمن المرعشلي ، ط1 1995 دار اخياء الثراث العربي ومؤسسة التاريخ العربي بيروت لبنان ج2، ص538 .
تاريخ الحكماء (نزهة الأرواح وروضة الأفراح)، تأليف شمس الدين الشهرزوري، تحقيق د. عبد الكريم أبو شويرب، الطبعة الأولى ، سنة 1988م ،جمعية الدعوة الإسلامية العالمية- السعودية، ص367-375.
2- هو موفق الدين أبي العباس أحمد بن القاسم السعدي الخزرجي المعروف بابن أبي اصيبعة، ت668هـ

ولادته وطفولته:

وُلد ابن سينا سنة 370هـ / 980م في قرية يُقال لها أفشنة قرب بخارى[1]، وقد روى بنفسه سيرة حياته حتى الثلاثين من عمره ونقلها عنه وأكملها أبو عبيد الجوزجاني.[2]

كان أبوه رجلاً من أهل بلخ[3] وانتقل إلى بخارى حيث اشتغل بالتصوف، وتزوج بوالدته في قرية أفشنة. وأحضر لابن سينا معلم القرآن ومعلم الأدب ؛ وأكمل حفظ القرآن وكثيراً من الأدب وهو في العاشرة من العمر. حتى كان يقضى منه العجب.

عصر ابن سينا:

امتاز عصر ابن سينا بالقلاقل والاضطرابات حيث كان ذلك العصر ـ حافلاً بالأحداث والتحويلات التاريخية، وكان يؤذن بانحلال الإمبراطورية العباسية في بغداد (133 –657هـ) (750 – 1185م) إذ بدأت تتنازعها العصبيات القومية (فارسية و تركية و عربية و سلجوقية) وتنخر جسمها المذاهب والفرق الدينية ، فأخذ الولاة والأمراء والقادة يتقاسمون السلطة في الولايات والأقاليم، حتى أن الخليفة العباسي لم يبق له في بغداد سوى اللقب وصك النقود باسمه[4].

وقد كان لهذه الاضطرابات والقلاقل أثرها على العلماء ومن هنا لا نرى عجباً أن ينتقل ابن سينا من الوزارة إلى السجن وهكذا في عصر استقطاب الولاءات.

1- بخارى : مدينة في أوزبكستان اشتهرت بمدارسها ومساجدها.
2- ذكر صاحب الوفيات أن اسمه عبد الواحد بن محمد، ج1، ص270، تاريخ الحكمة، ص317.
3- كانت بلخ القصبة السياسية لخراسان ثم أصبحت المركز الثقافي والديني لمملكة طخارستان وقد دمرها جنكيز
خان وهي اليوم قرية صغيرة في أفغانستان.
4- موسوعة التربية والتعليم الإسلامية، قطاع الفلاسفة، المذاهب التربوية عند ابن سينا من خلال فلسفته، دراسة
وتحليل د. عبد الأميراز شمس الدين –الطبعة.الأولى ، 2000، الشركة العالمية للكتاب،ص22 .

تحصيله وعلومه :

كان أبوه وأخوه يجرون على ألسنتهم ذكر الفلسفة والهندسة وحساب الهند. وأخذ أبوه يوجهه إلى بائع بقل[1] ليعلمه الحساب. ثم نزل في دارهم أبو عبد الله[2] النائلي ، المسمى "المتفلسف" رجاء تعلمه منه. وكان قبل ذلك يشتغل بالفقه والتردد فيه إلى اسماعيل الزاهد[3]. وكان من أجود السالكين، وقد ألف طرق المطالبة ووجوه الاعتراض على المجيب على الوجه الذي جرت عادة القوم به. ثم ابتدأ بكتاب ايساغوجي[4] على النائلي، ولما ذكر له حد الجنس أنه هو المقول على كثير بين مختلفين بالنوع في جواب ما هو، أخذ في تحقيق هذا الحد بما لم يمثله. وتعجب منه كل العجب وحذر والده من شغله بغير العلم.

وكانت أي مسألة يقولها له يتصورها خيراً منه، حتى قرأ عليه ظواهر المنطق. وأما وقائعه فلم يكن عنده خبرة، فأخذ يقرأ الكتب على نفسه ويطالع الشروح حتى أحكم المنطق، وكذلك كتاب اقليدس[5] الذي قرأ من أوله خمسة أو ستة أشكال عليه، ثم تولى بنفسه حل بقية الكتاب بأسره.

1- ذكر د. جعفر آل ياسين -(ص15-17) من كتاب فيلسوف عالم -أن بعض المصادر مثل ابن أبي أصيبعة تسميه محموداً ولم أجد عند ابن أبي أصيبعة هذه التسمية، ووجدت ترجمة فقط باسم بقيل خلف ابن سلمان (ت 406هـ/ 1008م / المعجم المفصل في اللغويين العرب، د. اميل بديع يعقوب ط1 1997 دار الكتب العلمية ، بيروت - لبنان ج1، ص125.

2- تاريخ الحكماء ، ص304، وقد ذكر اسمه النائلي مرة والناتلي مرة أخرى.

3-(هو إسماعيل بن أحمد بن عبد الله أبو عبد الرحمن، (361-430هـ))
ينظر كتاب الوافي بالوفيات، صلاح الدين خليل بن أيبك الصفدي، باعتناء يوسف خان اس، النشرات الإسلامية،الطبعة الثالثة، 1991م، يصدرها جمعية المستشرقين الألمان ، آلبرت ديتريش،مجلد 9، ص84.

4- الإيساغوجي : معناها المدخل ، ألفه فرفو ريوس في القرن الثالث الميلادي واعتبره العرب مدخلاً للمنطق، الشفاء ، المنطق ، ص44-45.

5- معجم الفلاسفة، ص74.

ثم انتقل إلى المجسطي[1]، ولما فرغ من مقدماته وانتهى إلى الأشكال الهندسية؛ قال النائلي : تولَّ أنت قراءتها بنفسك، ثم اعرضها عليَّ لأبن لك صوابه من خطئه، فأخذ يحله، وكم من شكل ما عرفه إلى وقت ما عرضه عليه وفارقه النائلي، فاشتغل بتحصيل الكتب من النصوص والشروح من الطبيعي والإلهي وصارت أبواب العلم تفتح له. ثم رغب في الطب ، وصار يقرأ الكتب المصنفة فيه، فبرز فيه في أقل مدة حتى بدأ فضلاء الطب يقرؤون عليه علم الطب. وتعهد المرضى وانفتحت عليه أبواب المعالجات المقتبسة من التجربة ما لا يوصف وهو مع ذلك يختلف إلى الفقه ويناظر فيه، وهو في هذا الوقت ابن ست عشرة سنة، ولم يكن له أستاذ في الطب أو العلوم الطبيعية . ثم تفرغ للعلم والقراءة، سنة ونصفاً لم ينم فيها ليلة كاملة ولا اشتغل بالنهار بغيره من أعاد قراءة المنطق وجميع أجزاء الفلسفة،وجمع بين يديه ظهوراً، فكل حجة كان ينظر فيها يثبت مقدمات قياسية ويرتبها في تلك الظهور.

حتى استحكم معه جميع العلوم ووقف عليها بحسب الإمكان الإنساني، وأحكم علم المنطق والطبيعي

والرياضي. ثم عدل إلى الإلهي وقرأ كتاب ما بعد الطبيعة الذي لم يتوصل لفهم ما فيه برغم إعادة قراءته أربعين مرة حتى قرأ كتاب الفيلسوف العربي الفارابي[2] في أغراض كتاب ما بعد الطبيعة.

وبعد ما شفى سلطان بخارى في ذلك الوقت نوح بن منصور[3] (366-387هـ) (976-987م) . سأله الأذن في دخول مكتبة الأمراء السامانيين وهي ذات بيوت كثيرة في كل بيت صناديق كتب منضدٌ بعضها على بعض، فقرأ منها ما لم يقع اسمه إلى كثير من الناس قط. وظفر بفوائدها وعرف مرتبة كل رجل في علمه، وفرغ من هذه العلوم كلها وهو في الثامنة عشرة من عمره.

1- المجسطي : هو تعريب للكلمة اليونانية (بما غاسطن) ومعناها العظيم، ألفه بطليموس (ت 5629ق.م) وهو كتاب في علم الفلك سماه ابن سينا (علم الهيئة)، الشفاء ، الرياضيات، ج2، ص13، تاريخ الحكماء، ص252- 253.

2- أبو النصر محمد طرفان الفارابي (ت 339هـ) معجم الفلاسفة ، ص416.

3- هو نوح بن منصور الساماني، استمر حكم السامانيين من (260-389هـ) المناحي العلمية عند ابن سينا، د.علي عبد اللـه الدفاع، الطبعة الأولى، 1987 مطبوعات نادي الطائف- السعودية ، ص8.

أعماله العلمية:

عندما بلغ الحادية والعشرين من عمره سأله أبو الحسين العروضي[1] أن يصنف كتاباً جامعاً في هذا العلم ، فصنف له المجموع وسماه به ، ثم سأله أبو بكر البرقي[2]. وكان فقيه النفس متوحد في الفقه والتفسير والزهد أن يشرح له هذه العلوم فصنف له كتاب الحاصل والمحصول بحوالي عشرين مجلداً ومصنفاً في الأخلاق سماه كتاب البر والإثم، وبعد موت والده تقلد شيئاً من أعمال السلطان وتنقل بين كركاغ ونسا وبارود وطومس وشقان وسمنقان وجاجرم وجرجان التي استقر فيها ونزل في دار اشتراها له أبو محمد الشيرازي[3]،فكان يختلف إليه أبو عبيد الجوزجاني يقرأ المجسطي ويستملي المنطق. فأملى عليه المختصر الأوسط في المنطق، وصنف للشيرازي كتاب المبدأ والمعاد وكتاب الأرصاد الكلية وكتباً كثيرة كأول القانون ومختصر المجسطي وكثيراً من الرسائل. ثم صنف في أرض الجبل بقية كتبه.

مصنفاته:

ترك ابن سينا العديد من الأعمال وبرغم أن قسماً منها لم يصل إلينا، فقد عددها البعض بأنها أكثر من 240 مؤلفاً والبعض عددها أكبر من هذا الرقم بكثير وشك في نسبة بعض الكتب إليه ولقد أحصى الأب جورج شحاتة[4] مؤلفات ابن سينا فبلغ بها ستة وسبعين ومائتي كتاب ولعله لم يستوف كل ما ألفه ابن سينا. ومن كتبه المجموع، الحاصل والمحصول 20 مجلداً، الإنسان 20 مجلداً، البروالأثم مجلدان، الشفاء 18 مجلداً، القانون 14 مجلداً، الأرصاد الكلية، النجاة 3

1- هو إسماعيل بن أحمد بن زيادة الله (ت 445هـ /1053م).
2- الأعلام ، ج1، ص309.
3- إبراهيم ابن علي بن يوسف الشيرازي (393-476هـ / 1003 – 1083م) الأعلام ، ج1، ص51.
4- الشفاء، الطبيعيات، الفن السادس ،النفس تحقيق الأب جورج قنواتي وسعيد زايد تصدير وتقديم د. ابراهيم مدكور ط1 1975م المكتبة العربية ، وزارة الثقافة - مصر ص 45 .

مجلدات، الهداية، القولنج، لسان العرب 10 مجلدات، الأدوية القلبية، الموجز ، بعض الحكمة المشرقية، بيان ذوات الجهة، كتاب المبدأ والمعاد، كتاب المباحثات.

ومن رسائله:

القضاء والقدر، الآلة الرصدية غرض قاطينورياس، المنطق بالشعر، القصائد في العظمة والحكمة في الحروف، تعقب المواضع الجدلية، مختصر إقليدس، مختصر ـ في النبض بالعجمية، الحدود، الإشارة إلى علم المنطق ، أقسام الحكمة في النهاية واللانهاية، حي بن يقظان، خطب، الكلام في الهندبا ، في أنه لا يجوز أن يكون شيء واحد جوهرياً وعرضاً، رسالة أسباب حدوث الحروف ، رسائل له في إخوانية

وسلطانية إلى مسائل جرت بينه وبين بعض الفضلاء، كتاب الحواشي على القانون، كتاب عيون الحكمة، كتاب الشبكة والطير.

هذا بالإضافة إلى العديد من كتب ورسائل ابن سينا قد أثبتها ابن أبي اصيبعة في عيون الأنباء وأثبتها غيره كذلك.

مكانته العلمية:

رغم شهرة ابن سينا كطبيب وفيلسوف، فقد كان له الأثر الكبير والمساهمة الكبرى في مجالات علمية أخرى كالعلوم الطبيعية والفيزياء والكيمياء والفلك والرياضيات والموسيقى والأشعار الفلسفية واللغة. وقد كانت استقلاليته كمثقف مدعمة بذكاء راجح وذاكرة فائقة، جعلته يتفوق على معلميه منذ صغره.

ولم يكن له معلم في العلوم الطبيعية والطب بل على العكس فقد كان بعض كبار أطباء عصره يعملون تحت إشرافه وهو في السادسة عشرة من عمره.

وقد شغل عدة مرات منصب وزير، كما كان يُستشار في الأمور الطبية وفي الشؤون السياسية أيضاً ، وقد حاربه حساده وبعض الأمراء حتى أنه اضطر للهرب والاختباء من وجه خصومه وقد سجن وفر من السجن.

وفاتـه:

أصيب ابن سينا بالقولنج[1] فأخذ يعالج نفسه بالحقن واضطر في إحدى المرات لحقـن نفسه في يوم واحد ثمان مرات لاضطراره للمسير مع علاء الدولة.

وقد سبب له ذلك السحج[2]. فكان يحقن نفسه ويتداوى لأجل السحج وبقية الفـولنج. حتى تمكن له معالجة نفسه ولم يبرأ من العلة كل البرء فكان ينتكس ويبرؤ كل وقـت، ثم سار مع علاء الدولة في حملته إلى همـدان فعاودتـه في الطريـق تلـك العلـة إلى أن وصل همدان. وعلم أن قوته قد سقطت ، وأنها لا تفي بدفع المرض فأهمل مـداواة نفسـه حتى انتقل إلى جوار ربه سنة 428هـ/1037م ودفن تحت السور من جانب القبة مـن همـدان[3]. وقيل إنه نقل إلى أصفهان ودفن في موضع على باب كونكنبذ، وكان عمره رحمه اللـه ثلاثاً وخمسين سنة.

إلا أن صاحب البلغة[4] ذكر أن وفاته كانت سنة 427هـ علماً أن معظم كتـب التراجم بينت أن تاريخ وفاته كان سنة 428هـ[5].

شيوخه:

1- (بقال)[6] - يبيع البقل تعلم ابن سينا على يديه الحساب.

1- القولنج : مرض معوي مؤلم يتعذر معه خروج الشغل والريح.

2- السحج : التقسر.

3- مدينة في بلاد فارس.

4- البلغة في تراجم النحو واللغة، تضيف مجد الدين محمد بن يعقوب الفيروز أبادي، 729-817 حققه محمد المصري، أورد تاريخ الوفاء، ص90.

5- معجم الأعلام ص212، الأعلام ج241/2، وفيات الأعيان ج157/2، معجم العلماء العرب ، ج1، 58.

6- ذكر د. جعفر آل ياسين ص15-17 من كتابه فيلسوف عالم أن ابن اصيبعة يسميه محموداً ولم أجد ترجمة له.

2- أبو عبدالله الناتلي[1] (المتفلسف).

3- أبو محمد إسماعيل الملقب بالزاهد درس على يديه الفقه.

4- هناك إشارات[2] أنه تتلمذ على أبي عيسى ابن يحيى المسيحي (ت401هـ / 1010م) صاحب كتاب (المائة في الطب). ويعد من أساتذته غير المباشرين.

5- أفلاطون[3] : أفلاطون بن أرسطن بن اسقليبيوس ولد سنة (427ق.م وتوفي سنة 347ق.م)

6- أرسطو طاليس[4] : هو أرسطو طاليس بن نيقوماخس الجراسني الفيثاغورسي الفيثاغورسي (ولد سنة384ق.م وتوفي سنة 322ق.م).

7- أساتذة[5] مدرسة الإسكندرية : وهم : اصطفف، وجاسيوس، وثاودوسـيـوس، وأكيلاوس، وانقيلاوس، وافلاذيوس، ويحيى النحوي...)

تلاميذه:

1- أبو عبيدة الجوزجاني.

والترجمة التي وردت في المعجم المفصل في اللغويين العرب، د. أميل بديع يعقوب، ج1، 125، والتي وردت باسم بقيل وهو خلف ابن سلمان (ت 406هـ – 1008م) أشك أنه المقصود به هو (بقال) بالرغم من توافق الزمان وذلك لأن بقال مدرس حساب، وهذا الثاني (بقيل) لغوي، إلا إذا أخذنا بعين الاعتبار الموسوعية التي كان يتمتع بها أولئك العلماء؟.

1- تاريخ الحكماء ، ص304.
2- طبقات الأطباء، ص400، الإعلام ج5، ص298، تاريخ الحكماء ، ص315.
3- معجم الفلاسفة، ص64-70، طبقات الأطباء، ص68.
4- معجم الفلاسفة، ص47-52، طبقات الأطباء، ص74.
5- طبقات الأطباء، ص137.

الفصل الأول

جهاز النطق عند ابن سينا

جهاز النطق عند ابن سينا

لقد درس الفلاسفة والأطباء العرب القدماء جهاز النطق دراسة تشريحية دقيقة، جاءت على قدرٍ كبيرٍ من الموضوعية والعلمية ، وخير من يمثل هذا الاتجاه في هذا الجانب من الدراسة الطبيب الفيلسوف ابن سينا

حيث يقول عن تكوين الصوت ، قال : "الصوت فاعله العضل الذي عند الحنجرة بتقدير الفتح، وبدفع الهواء المخرج وَقرْعِه، وآلتُه الحنجرةُ، والجسم الشبيهُ بلسان المزمار ، وهي الآلة الأولى الحقيقية، وسائر الآلات بواعث ومعينات، وباعث مادته الحجاب وعضل الصدر، ومؤدي مادته الرئة، ومادته الهواء الذي يموج عند الحنجرة"[1].

نلاحظ من هذا النص تصوير ابن سينا عملية التصويت، وذكر أجزاء جهاز النطق، وهي مجموعة من الأعضاء في جسم الإنسان تشارك بدور مباشر أو غير مباشر في إصدار أصوات الكلام، وقد اصطلح على تسميتها أعضاء النطق، أو جهاز النطق.

هذه الأجزاء التي سماها العلماء تجاوزاً بأعضاء النطق[2] ، حيث يختص كل عضو منها بوظائف وعمليات أساسية أخرى، لم يكن النطق إلا جانباً ثانوياً في مسارها الوظيفي، إذن فالوظيفة النطقية، ثانوية لأعضاء النطق.

ولقد تناول ابن سينا في بعض كتبه وبعض رسائله جهاز النطق من الناحية التشريحية والوظيفية، حيث تعرض ابن سينا إلى وصف هذه الأجزاء أثناء وصفه لجميع أجزاء جسم الإنسان الذي تناوله بالتفصيل من الناحية التشريحية والوظيفية

---

[1]- القانون في الطب، ابن سينا، حققه ووضع فهارسه وعلق عليه إدوار القش، قدم له بالعربية والفرنسية، علي زيعور، طبعة جديدة الطبعة الأولى 1987م، مؤسسة عز الدين للطباعة والنشر- بيروت، لبنان، الطبعة الأولى 1987م، ص1145 .

[2]- الأصوات اللغوية، عبد القادر عبد الجليل، الطبعة الأولى 1998م،دار صفاء للنشر والتوزيع - الأردن. ص22.

وتشخيص الأمراض التي تصيب كل جزء وعلاجها ولهـذا نجـد المحـدثين[1] قـد قسـموا
جهاز النطق عند الإنسان إلى ثلاثة أجزاء رئيسة:
أولاً : الجهاز التنفسي.
ثانياً : الجهاز التصويتي.
ثالثاً : الجهاز النطقي.

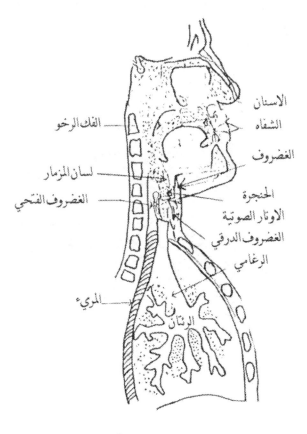

الاسنان
الشفاه
الغضروف
الحنجرة
الاوتار الصوتية
الغضروف الدرقي
الرغامي

الفك الرخو
لسان المزمار
الغضروف الفتحي

المريء

الرئتان

شكل رقم (1)[2]

---

[1] - التشريح الوظيفي ، علم وظائف الأعضاء ، د. شتيوي صالح العبد اللـه،الطبعة الأول 2001م ، دار
الأرقم للطباعة، ، ص65.

[2] - ينظر مدخل في الصوتيات، د. عبد الفتاح إبراهيم، بدون طبعة 1999م، دار الجنوب تونس، ص46.

أولاً : الجهاز التنفسي The Respiratory system:

يقـوم هـذا الجهـاز بمهمـة الاسـتقبال والإرسـال الهـوائي الـداخل والخـارج إلى الـرئتين
ويتألف من :

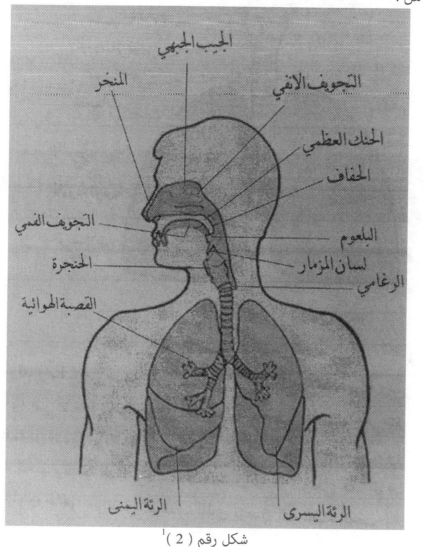

شكل رقم (2)[1]

[1] - ينظر كتاب الأصوات اللغوية، د. عبد القادر عبد الجليل، ص25.

1- الرئتان Lungs : الرئة عبارة عن جسم مطاطي قابل للتمدد والانكماش، لكنه لا
يستطيع أن يتحرك لذاته، ولذا فإنه بحاجة إلى عون القفص الصدري والحجاب الحاجز.

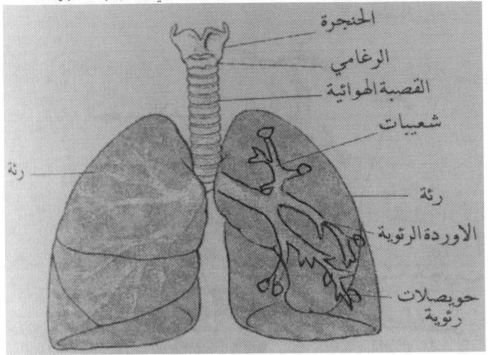

الحنجرة
الرغامي
القصبة الهوائية
شعيبات
رئة
الاوردة الرئوية
حويصلات رئوية
رئة

شكل رقم (3)[1]

وقد وصف ابن سينا الرئتين وبيّن وظائفهما وحجمهما وسبب كبر حجم أحدهما عـن
الأخرى بقوله (وأما الرئـة فإنهـا مؤلفـة مـن أجـزاء وهـي تقسـم إلى قسـمين : أحـدهما إلى
اليمـين، والآخـر إلـى اليسـار، والقسـم الأيسرـ ذو شـعبتين، والقسـم الأيمـن ذو ثلاث شـعب
ومنفعة الرئة بالجملة الاستنشاق ....)[2]. ولعل هذا الوصف الدقيق لهذه الأجزاء ووظائفها
هو نفس الوصف الـذي توصل إليـه أطبـاء العصر ـ الحـديث ولا أبالـغ إذا قلـت أن هنـاك
تزاحمـاً بين الباحثين على تلقف كتاب القانون في الطب، وقد لاحظت ذلك أثنـاء مراجعتـي
للكتاب وأخذي منه.

[1]- ينظر الأصوات اللغوية، د. عبد الجليل، ص26.
[2]- القانون في الطب ، ج3، ص1122.

2- القصبة الهوائية Bronchi: [1]ويطلق عليها قصبة الرئة. وهي عبارة عن أنبوب مكون من غضاريف على هيئة حلقات غير مكتملة من الخلف، يتصل بعضها بالآخر بواسطة نسيج غشائي مخاطي، وفي خلفها يوجد المريء، وهو أنبوبة أخرى وظيفتها نقل الطعام والشراب إلى المعدة، وقد وصفها ابن سينا في كتاب القانون بقوله : (أما قصبة الرئة، فهي عضو مؤلف من غضاريف كثيرةً دوائر يصل بعضها على بعض بما لاقى منها منفذ الطعام الذي خلفه، وهو المرئي جعل ناقصاً قريباً من نصف دائرة، وجعل قطعة إلى المريء، ويماس المرئي منه جسم لا غضروفي، بل الجوهر الغضروفي منه إلى قدّام، والتفت هذه الغضاريف برباطات يجللها غشاء، ويجر ي على جميع ذلك من الباطن غشاء أملس إلى اليبس والصلابة ما هو، وكذلك أيضاً من ظاهره، وعلى رأسه الفوقاني الذي يلي الفم، والحنجرة، وطرفه الأسفل، ينقسم إلى قسمين، ثم ينقسم أقساماً تجري في الرئة مجاورة لشعب العروق الضاربة والساكنة، وينتهي توزعها إلى فوهات هي أضيق جداً من فوهات ما يشكلها ويجري منها ... ولتكون صلابتها سبباً لحدوث الصوت أو معيناً عليه)[2].

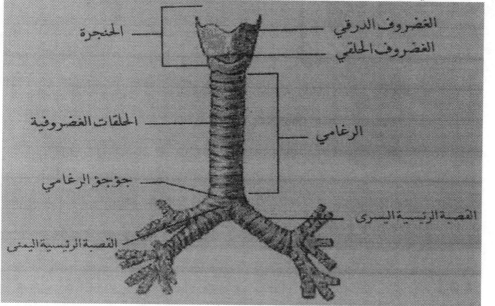

شكل رقم (4)[3]

---

[1]- الأصوات اللغوية، ص27، عبد القادر عبد الجليل.

[2]- القانون ، ج3، ص1121، كتاب الشفاء لابن سينا، الفن الثامن كتاب الحيوان، ج3 ص278،تحقيق سعيد زايد، مراجعة د.إبراهيم مدكور،ط1 1975م، المكتبة العربية، وزارة الثقافة-مصر.

[3]- ينظر التشريح الوظيفي، ص85.

3- عضلات البطن : يقول ابن سينا في القانون[1] : (أما البطن فعضله ثمـان، وله عـدة فوائد منها أنها تدعم الحجاب وتعينه عند النفخة لدى الانقباض). مـن هـذا الـنص نلاحـظ أن عضلات البطن بالإضافة إلى الوظائف الأخرى تقوم بعملية الانقباض مما يؤدي إلى إتمـام عملية الشهيق[2].

وبعض الكتب صنفت عضلات البطن والصدر أنها من مكونات جهاز التنفس بالإضافة إلى القصبة الهوائية والشعب الهوائية والرئتين[3].

---

[1]- القانون ، ج1، ص71.
[2]- التشريح الوظيفي ، ص91.
[3]- دراسة السمع والكلام ، سعد مصلوح، عالم الكتب ، القاهرة ، مصر ، الطبعة الأولى 1980م، ص77.

ثانياً : الجهاز التصويتي : يتألف هذا الجهاز من :

1- الحنجرة LARYNX

وهي علبة غضروفية على هيئة قمع، تتصل بالطرف الأعلى للقصبة الهوائية، وتقوم بوظيفة أساسية كصمام أمان لإغلاق الرئتين وحمايتها وأن توصل فراغ الحلق بالقصبة الهوائية. تتألف هذه العلبة الغضروفية من عدة أقسام[1]

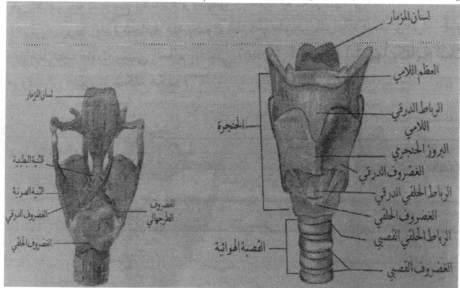

منظر أمامي للحنجرة
شكل رقم (5)[2]

منظر خلفي للحنجرة
شكل رقم (6)[3]

---

[1]- الأصوات اللغوية، ص28، التشريح الوظيفي، ص 64.

[2]- Anson , B.j.1966 morri's ,human anatomy 12th ed .company inc .USA.p.1230 (بتصرف)

[3]- نفس المصدر ، ص 1235. (بتصرف)

وقد وصفها ابن سينا في عدة مواقع في كتبه فهو يقول في القانون : (الحنجرة عضو غضروفي خلق آلة للصوت، وهو مؤلف من غضاريف ثلاثة : أحدها الغضروف الذي يناله الجسّ والجسّ قدَّام الحلق تحت الذقن ويسمى الدرقي والترسي، إذ كان مقعر الباطن محدب الظهر يشبه الدرقة وبعض الترسة، والثاني غضروف موضوع خلفه يلي العنق مربوط به يعرف بأنه الذي لا اسم له، وثالث مكبوب عليها يتصل بالذي لا اسم له ويلاقي الدرقي من غير اتصال، وبينه وبين الذي لا اسم له مفصل مضاعف بنقرتين فيه تنهدم فيهما زائدتان من الذي لا اسم له مربوطتان بها بروابط ويسمى المكبي والطرجهالي وبانضمام الدرقي إلى الذي لا اسم له ويتباعد أحدهما عن الآخر يكون توسع الحنجرة وضيقها وبانكباب الطرجهالي (artynoid) على الدرقي ولزومه إياه وبتجافيه عنه يكون انفتاح الحنجرة وانغلاقها، وعند الحنجرة وقدامها عظم مثلث يسمى العظم اللامي (hyoid bone) تشبيهاً بكتابة اللام في حروف اليونانيين إذ شكله هكذا (٨)[1]

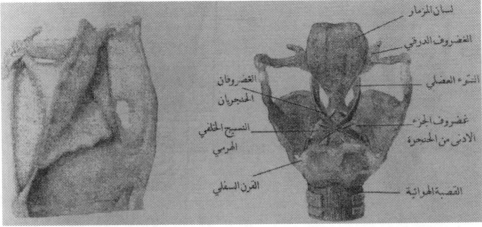

منظر خلفي للحنجرة

شكل رقم (7)[2]

منظر حانبي للحنجرة

شكل رقم (8)[3]

---

[1] - القانون، ص64-65.

[2] - أطلس جونز هويكنز في التشريح الوظيفي للإنسان، تحرير جورج د.زوديما ، رسوم ، ليون شلوسبرج ترجمة أ.د حمدي ابراهيم العيش ، ط1 1984 الجمعية المصرية لنشر المعرفة والثقافة العالمية ، القاهرة – مصر .ج2،ص30

[3] - نفس المصدر ج2 ص3 .

والحنجرة محتاجة إلى عضل تضم الدرقي إلى الذي لا اسم له وعضل تضم الطرجهالي وتطبقه وعضل تبعد الطرجهالي عن الأخريين، فتفتح الحنجرة والعضل المنفتحة للحنجرة منها زوج ينشأ من العظم اللامي، فيأتي مقدم الدرقي، ويلتحم منبسطاً عليه، فإذا تشنج أبرز الطرجهالي إلى قدّام وفوق، فاتسعت الحنجرة، وزوج يعد في عضل الحلقوم الجاذبة إلى أسفل، ونحن نرى أن نعده في المشتركات بينها، ومنشؤهما من باطن القسّ إلى الدرقي[1] ...)

وورد في فصل تشريح الحنجرة والقصبة الهوائية : (وخلق لأجل التصويت الشيء الذي يسمى لسان المزمار يتضايق عنده طرف القصبة ثم يتسع عند الحنجرة فيبتدئ من سعة إلى ضيق ثم إلى فضاء واسع، كما في المزمار فلا بد للصوت من تضيق المحبس وهذا الجرم الشبيه بلسان المزمار من شأنه أن ينضم وينفتح ليكون بذلك قرع الصوت، وأما تصلب الغشاء الذي يستنطئها، فليقاوم حدّة النوازل والنفوث الرديئة،والبخار الدخاني المردود من القلب ولئلا يسترخي بقرع الصوت، أما الحنجرة، فإنها آلة الصوت، ولتحبس النفس وفي داخلها الجرم الشبيه بلسان المزمار من المزمار وما يقابله من الحنك وهو مثل الزائدة التي تشابه رأس المزمار فيتم به الصوت ...)[2].

---

[1]- القانون ، ص 64-65.

[2]- القانون، ج3، ص1121، الشفاء، الطبيعيات ، الفن الثامن ،كتاب الحيوان، تخقيق سعيد زايد ، تصدير ومراجعة د. ابراهيم مدكور ، ط1 1675 ، المكتبة العربية ، وزارة الثقافة –مصر ، ج3، ص278.

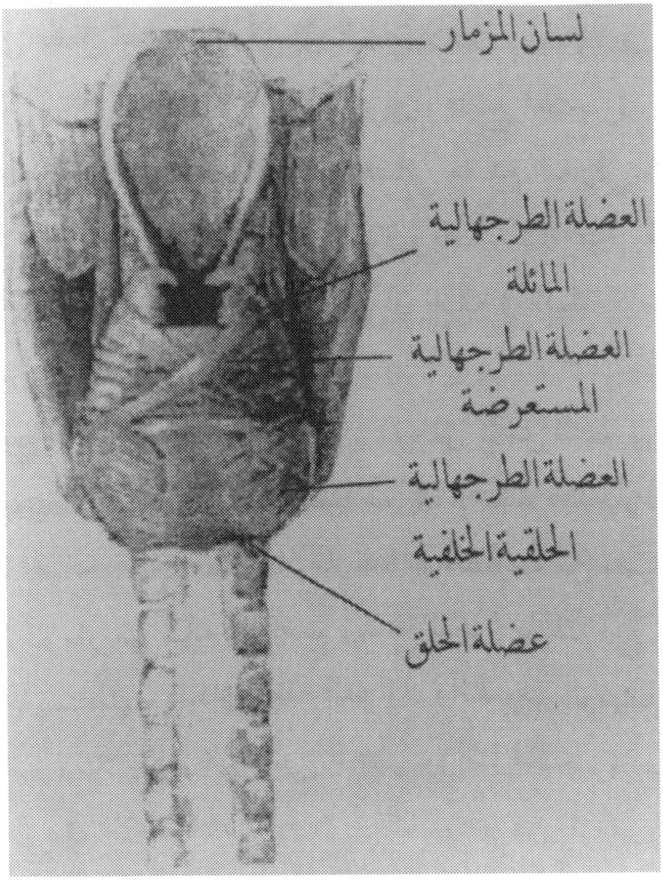

لسان المزمار

العضلة الطرجهالية
المائلة

العضلة الطرجهالية
المستعرضة

العضلة الطرجهالية
الحلقية الخلفية

عضلة الحلق

منظر خلفي للحنجرة
شكل رقم (9)[1]

---

[1] - ينظر – Human anatomy ص1240 (بتصرف).

أما في فصل (في تشريح الحنجرة واللسان) قال : (أما الحنجرة فإنها مركبة من غضاريف ثلاثة : (أحدها موضوع إلى قدّام يناله الجس في المهازيل عند أعلى العنق تحت الذقن. شكله شكل القصعة، حدبتها إلى خارج وإلى قدام، وتقعيره إلى الداخل وإلى الخلف، ويسمى (الغضروف الدرقي) و (الترسي). والغضروف الثاني خلفه مقابل سطحه، وسطحه متصل به بالرباطات يمنة ويسرة)، منفصل عنه إلى فوق، ويسمى (عديم الاسم)[1].

العظم اللامي
العضلة الطرجهالية المائلة
العضلة الطرجهالية المستعرضة
العضلة الدرقية الحلقية
العضلة الطرجهالية الحلقية الخلفية

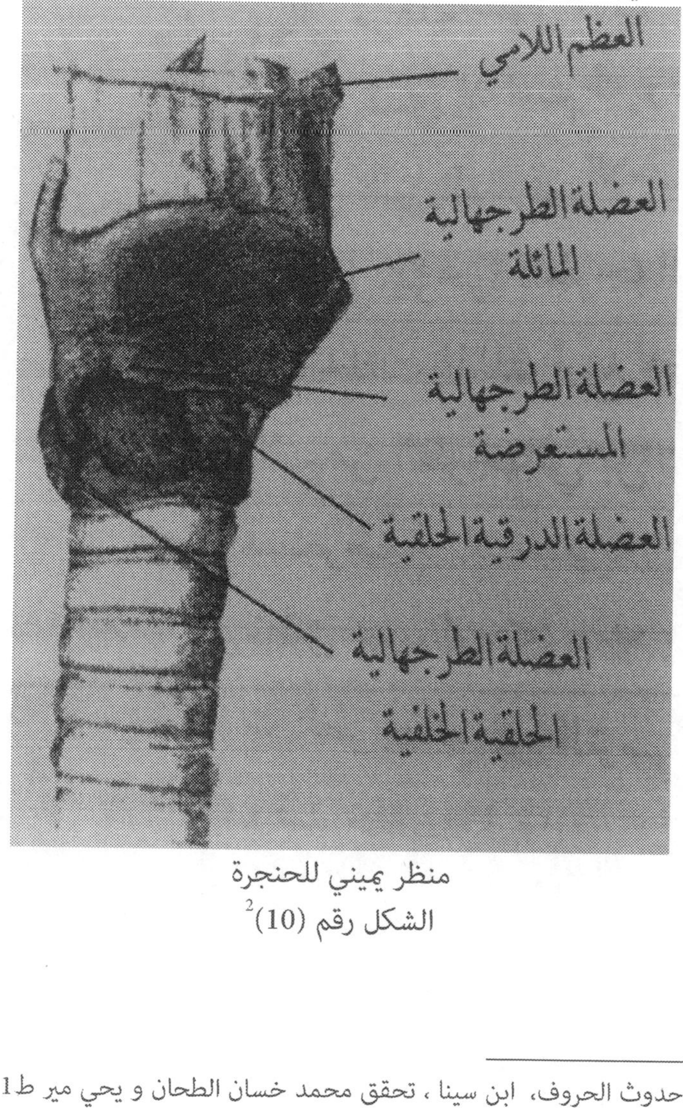

منظر يميني للحنجرة
الشكل رقم (10)[2]

---

[1]- رسالة أسباب حدوث الحروف، ابن سينا ، تحقق محمد خسان الطحان و يحي مير ط1 1983 ، دار الفكر - دمشق لفصل الثالث ص 108.

[2]- ينظر Roomns G,1972 , cunnigham's Text book of anatomy , 11 th ed.oxford .universty press, london p.443.

والغضروف الثالث كقصعة مكبوبة عليها، وهو منفصل عن الدرقي ومربوط بالذي لا اسم له من خلف بمفصل مضاعف يحدث من زائدتين وتصعدان من الذي لا اسم له، وتستقران في نقرتين له (ويسمى "المكبي" و"الطرجهالي") فإذا تقارب الذي لا اسم له من الدرقي وضامه حدث منه ضيق الحنجرة، وإذا تنحى عنه وباعده حدث منه اتساع الحنجرة . ومن تقاربه وتباعده يحدث الصوت الحاد والثقيل.

وإذا انطبق الطرجهالي على الدرقي حصر النفس وسد الفوهة، وإذا انقلع عنه انفتحت الحنجرة فتكون اذن ها هنا عضلات تلصق الطرجهالي بالدرقي وتجذبه إليه، وعضلات تبعده عنه وتجذبه إلى خلف، وعضلات تلصق الذي لا اسم له بالدرقي، وعضلات تنحر أحدهما عن الآخر. والطرجهالي مركب على الذي لا اسم له بمفصل مضاعف لأن فيه نقرتين تصعد إليهما زائدتان من الذي لا اسم له وتستقران فيهما . والعضلات التي تفتح الحنجرة بتنحية الطرجهالي عن الدرقي لا بد من أن تكون طالعة من أسفل ومن جنبه الذي لا اسم له وتتصل بمؤخرة الطرجهالي، فإذا تشنجت جذبته إلى خلف وفرقت بينه وبين الدرقي. وقد خلقت لذلك أربع عضلات على هذه الصفة وأردفت بعضلتين تتصلان لا عند الخلف من الطرجهالي بل يمنة ويسرة، فإذا تشنجتا فعلتا -مع المعونة في الفتح- توسعاً مستعرضاً.

فهذه ست عضلات. والعضلات التي تطبق يجب أن تكون لا محالة واصلة بين الترسي والطرجهالي، حتى إذا تشنجت مدت الطرجهالي إلى الترسي ومعلوم أنها إذا كانت من داخل كان إطباقها أشد وأحكم، وقد خلقت لذلك. فمنها زوج عضلة توضع في جميع الناس أحد فرديها تصعد منه حافة الدرقي إلى حافة الطرجهالي يمنى والآخر مثله يسرة، وهما صغيرتان تفعلان -بالعصر وبموافقة المكان- فعلاً عظيماً حتى أنه يقاوم عضل الصدر والحجاب عند حصر النفس. وقد يوجد في بعض الناس زوج آخر شبيه به معين له. وأما المضيقة للحنجرة فمن المعلوم أن الضامّ الجامع أحسن أحواله أن يكون محيطاً بالمتضامين جميعاً حتى إذا انقبض ضم، وكذلك خلقت عضلات الفم ، فمن ذلك زوج يأتي من العظم اللامي -الشبيه باللام في كتابة

اليونانيين- وهو عظم مثلث الشكل الذي بسطوحه، فيتصل بالدرقي عرضاً ويمضي كل واحد من فردية حتى يجاوز المريء يمنة ويسرة ويلاقي الآخر ويتصل به. وأربع عضلات ربما فرقت وربما جمعت في زوجين مضاعفين أو زوجين أحدهما باطن والآخر ظاهر، وكيف كان فإنها تتصل بالدرقي ثم تلتف وراءه على الذي لا اسم له.

وأما الموسعة للحنجرة فمن المعلوم أن عن تكثيرها بالعدد غني، لأن عضل الصدر والحجاب يحفز النفس إلى خارج بقوة فيكون ذلك لو اقتصر عليه كافياً في فتح الحنجرة. فمن عضل الفتح زوج عضلة يأتي من العظم الشبيه باللام ويتصل بمقدم الدرقي كله، فإذا تشنج جذبه إلى فوق وإلى قدّام فنزله عن ملاصقة الذي لا اسم له، ومن ذلك زوج مشترك بين الحنجرة والحلقوم يصعد من ويجاوز الدرقي ويستمر إلى مؤخر الذي لا اسم له ومقدم الحلقوم، فإذا تشنج جذب الحلقوم إلى أسفل والذي لا اسم له إلى خلف ففرق بينه وبين الدرقي، وربما عضده في الفرد من الناس زوج آخر شبيه به. وهو نادر ويوجد في عظيمي الحناجر، من الناس ، وأما في الدواب فدائماً .)[1]

عرف ابن سينا أهم غضاريف الحنجرة، وهي التي تقوم بجل الدور في عملية التصويت Phonation والكلام وهي : الغضروف الدرقي Thyroid Cartilage والغضروف الحلقي Cricoid Cartilage ، والمكبي أوالطرجهالي Arytenoid Cartilage، وإذا حصرنا غضاريف الحنجرة كلها فهي عبارة عن ستة غضاريف : ثلاثة فردية وهي : الغضروف الدرقي، والغضروف الحلقي، ولسان المزمار Epiglottis، ثلاثة زوجية هي : المكبي، والقرني Circulate والمسماري Cuneforme.

ويذهب د. محمد الضالع إلى القول :(وقد أطلق ابن سينا على الغضروف الحلقي Cricoid الذي لا اسم له أو "عديم الاسم". ويبدو أنه لم يجد اسماً له يطلقه عليه آنذاك أو أنه لم يجد علاقة شبه بينه وبين الخاتم أو الحلقة مثلما وجدها الأوروبيون

[1]- أسباب حدوث الحروف، الرئيس أبي علي الحسين بن سينا، نسخة صحيحة ووافق على طبعه محب الدين الخطيب، المطبعة السلفية - القاهرة 1352هـ الفصل الثالث ص9-11.

فاسم Cricoid مشتقاً من الكلمة اليونانية Krikos بمعنى خاتم أو حلقة، ويبدو أن ابن سينا لم يجد غضاضة في أن يطلق "لا اسم له" على الشيء الذي لا يجد له اسماً في حينه[1].

اشتهر بين المحدثين في أيامنا هذه أن الـ Epiglottis هو لسان المزمار، ولكن ابن سينا يستعمل لسان المزمار لجزء آخر من أجزاء الحنجرة، ربما يعرف لدى المحدثين باسم Hima - Glottdis (وهو الفرجة التي بين الأوتار الصوتية)[2].

فيقول ما نصه (وخلق لأجل التصويت الذي يسمى لسان المزمار، ويتضايق عند طرف القصبة ثم يتسع عند الحنجرة فيبتدي من وسعة إلى ضيق ثم إلى فضاء واسع كما في المزمار، فلا بد للصوت من تضييق المحبس، وهذا الجرم الشبيه بلسان المزمار من شأنه أن ينضم ويتفتح ليكون بذلك قرع الصوت)[3] ثم يعيد ابن سينا الإشارة إليه في آخر الكلام فيقول (وفي داخلها الجرم الشبيه بلسان المزمار وهو مثل الزائدة التي تشابه رأس المزمار فيتم به الصوت)[4]. وهكذا نرى أن لسان المزمار عند ابن سينا شيء آخر غير المشهور الآن لدى واضعي المصطلحات العربية من رجال الطب[5].

-أما تسمية ابن سينا للغضروف المعروف لدى المحدثين باسم Thyroid بالغضروف الترسي أو الدرقي. وهذه التسمية العربية ترجمة للمصطلح الأجنبي لأن هذا الغضروف يشبه في شكله الترس أو الدرقة، ولأن معنى المصطلح الإغريقي Thyroid الترسي[6].

---

[1]- علم الأصوات عند ابن سينا، د. محمد صالح الضالع، دار المعرفة الجامعية –الاسكندرية- مصر ، الطبعة الأولى،
ص58.

[2]- علم الأصوات عند ابن سينا، ص58.

[3]- القانون ، ج3، ص1121.

[4]- نفس المصدر.

[5]- أصوات اللغة عند ابن سينا، د. إبراهيم أنيس، مجلة مؤتمر مجمع اللغة العربية في مصر، الجلسة السابقة في 21
شعبان 1382هـ الموافق 1963 ص180.

[6]- أصوات اللغة عند ابن سينا ص180.

وهو ما يسمى اليوم بتفاحة آدم، حيث وصفه ابن سينا وصفاً دقيقاً بقوله (يناله الجس في المهازيل كذلك تبين أن الغضروف الذي يسميه المحدثون Arytenoid سماه ابن سينا "بالطرجهالي" من الكلمة الفارسية (طرجهاره) أي كأس الشرب، ويبدو أن هذا الغضروف بدا لعلماء العرب على هذه الصورة إلا أنه ظهر لعلماء الإغريق القدماء على شكل المطرقة لأن معنى Arytenoid الشبيه بالمطرقة[1]، وهذا الغضروف مزدوج لدى، أصحاب التشريح من المحدثين، أي له فرعان كل فرع يشبه المطرقة ولكن ابن سينا لم يشر ـ إلى هذا الازدواج.

ذهب د. إبراهيم أنيس إلى أن الغضروف الذي يسميه المحدثون Cricoid قد اعتبره ابن سينا جزء من القصبة الهوائية ولم يعتبره من غضاريف الحنجرة، ومن الجدير بالذكر أن تسمية ابن سينا للغضروف المعروف لدى المحدثين باسم Cricoid بالفوقاني جارٍ على النهج الفارسي في استعمال "براني وجواني وفوقاني وتحتاني"[2]

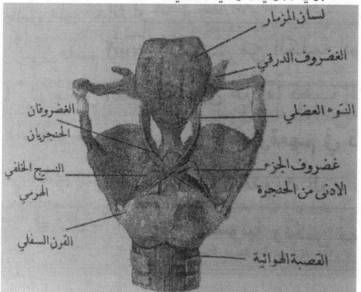

الشكل رقم (11)[3]

1-أصوات اللغة عند ابن سينا ص180.

[2] - إبراهيم أنيس، الأصوات اللغوية ،الطبعة الرابعة 1962م مكتبة الانجلو المصرية- مصر ، ص144 .

[3] - أصوات اللغة عند ابن سينا ص180.

[3] - ينظر اطلس جونز ، ج2 ص 30 .

أما الغضروف الحلقي Cricoid Cartilage :

فقد ذهب الباحثون فيه مذاهب متعددة فبعضهم أشار إلى أن الذي يسميه ابن سينا "بعديم الاسم" مرة أو "الذي لا اسم له" مرة أخرى : أنه الغضروف الحلقي وبعضهم عده أنه الغضروف الذي فوق القصبة وهذه آراء بعض العلماء في موضوع الغضروف " الذي لا اسم له" ذهب د. إبراهيم أنيس[1] و د.علي نعيم[2] و د.جعفر ميرغني[3] إلى أن ابن سينا قد عد الغضروف الحلقي جزءاً من القصبة الهوائية، ولم يعده من غضاريف الحنجرة، واستندوا في هذا الرأي إلى قول ابن سينا : (أما قصبة الرئة فهي عضو مؤلف من غضاريف كثيرة، دوائر وأجزاء دوائر يصل بعضها على بعض، وعلى رأسه الفوقاني الذي يلي الفم والحنجرة)[4] . وعارضهم د. محمد الضالع بقوله : (وقد أطلق ابن سينا على الغضروف الحلقي Cricoid الذي لا اسم له أو "عديم الاسم" ويبدو أنه لم يجد اسماً له يطلق عليه آنذاك أو أنه لم يجد علاقة شبه بينه وبين الخاتم أو الحلقة مثلما وجدها الأوروبيون فاسم Cricoid مشتق من الكلمة اليونانية Krikos بمعنى خاتم أو حلقة ...)[5] ثم يناقش الذين ذهبوا إلى غير ما ذهب إليه فيقول : (فاعتماد الباحثين على نص (أسباب حدوث الحروف) فقط أوقعهم في ذلك الالتباس أو الخلط بين الغضروف الحلقي الذي يمثل أهمية كبرى في حدوث الصوت وبين (لسان المزمار) الذي يقل عنه أهمية في وظيفة الحنجرة الصوتية ولكن نص "القانون" : "والثاني

---

[1]- الأصوات اللغوية، ص144.

[2]- الوتران الصوتيان وتحليل وظائفهما النطقية في دراسة أصوات اللغة العربية، رسالة ماحستير ، جامعة اليرموك 1989 ص17.

[3]- جرس اللسان العربي، د.جعفر ميرغني ،ط1، 1985 ، المنظمة العربية للتربية والثقافة والعلوم ، الخرطوم- السودان ، ج1، ص24.

[4]- القانون في الطب، ج2، ص200.

[5]- الأصوات عند ابن سينا، ص58-60.

غضروف موضوع خلفه يلي العنق مربوط به يعرف بأنه الذي لا اسم له" . يـدل عـلـى أنه يعني الغضروف الحلقي Cricoid للأسباب الآتية :

1- الغضروف الذي يلي "العنق" هو الغضروف الحلقي، فكلمـة العنـق تعنـي بلا شك القصبة الهوائية، والغضروف الذي يلي القصبة الهوائية مركب عليها ويوجـد في الحنجرة هو الغضروف، الحلقي Cricoid.

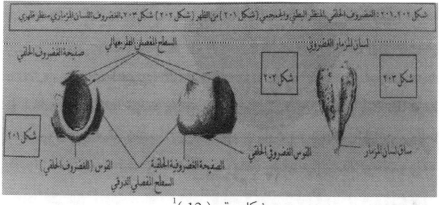

شكل رقم (12)[1]

2- الضمير في عبارته "مربوط به" يشير إلى العنق (القصبة الهوائية) فالغضروف الحلقي مربوط بالقصبة الهوائية برباط يسمى القصبي Crico-trachean membranc مثل الرباط الذي بين الدرقي والحلقي Crico – thyroid membranc .

وبعد الاطلاع على هذه الآراء المختلفة نظرت في كتاب القانون ورسالة أسباب حـدوث الحروف ووضعت هذه النصوص والآراء وعرضتها على أهل العلم في مجال التشريـح وعلـم وظائف الأعضاء وقد شـارك في الـرأي الـذي وصـلـنا إليه بعض البـاحثين مثل : أ.د أحمـد الديسي[2] ، و أ.د محمد هشام المحتسب[3] ، د. جمال الدين أبو غيداء[4] .

[1] - ينظر أطلس جونز، ج2، ص35.
[2] - أستاذ علم التشريح المقارن في كلية العلوم، الجامعة الأردنية.
[3] - أستاذ علم وظائف الأعضاء والتشريح في كلية الطب، الجامعة الأردنية.
[4] - أستاذ علم وظائف الأعضاء والتشريح في كلية الطب، الجامعة الأردنية.

وبعد إحضار نموذج الحنجرة الصناعية والاطلاع على نموذج حنجرة بشرية طبيعية ودور العضلات فيها خلصنا إلى النتائج التالية :

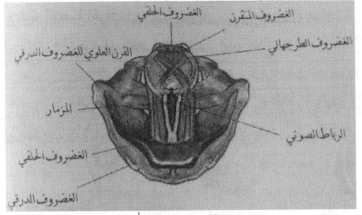

شكل رقم (13) [1]

أننا نذهب إلى ما ذهب إليه د. محمد الضالع بأن الغضروف الـذي سـماه ابن سـينا (الذي لا اسم له) هو الغضروف الحلقي Cricoid وذلك بالإضافة إلى الأسباب التـي ذكرهـا د.محمد الضالع فهناك أسباب أخرى من النصوص التي أوردها ابن سينا في كتبه ومـن ذلـك قوله : (فإذا تقارب الذي لا اسم له مـن الـدرقي وضامه حدث مـن ضيق الحنجـرة، وإذا تنحى عنه وباعده حدث منه اتساع الحنجرة. ومن تقاربه وتباعده يحـدث الصـوت الحـاد والثقيل) [2] وهذا الدور المميز في هذا النص والنص الآخر في القانون : (.... وبانضمام الـدرقي إلى الذي لا اسم له ، ويتباعد أحدهما عن الآخر

[1] ينظر Davies – D .v . and R.E .coupland .1967. Gray's Anatomy,Descrptive and Applied . 34th ed . longmans ,Green , and co.ltd p .760 (بتصرف).

[2] أسباب حدوث الحروف الفصل الثالث ص 111-113.

يكون توسع الحنجرة وضيقها)[1] وقد بين ابن سينا دور الغضاريف الثلاثة في عملية فتح الحنجرة وغلقها وتوسيع الحنجرة وتضييقها حيث أشار إلى دور الغضروفين الآخرين في عملية انفتاح الحنجرة وتضييقها بقوله : (وبانكباب الطرجهالي على الدرقي ولزومه إياه وبتجافيه عنه يكون انفتاح الحنجرة وانغلاقها ...)[2] وكما قلنا إن هذا الوصف الدقيق للغضاريف الثلاثة وتبين دور كل منها ودورها إذا كانت متضامة أو متجافية، وتبين أيضاً أن الغضروف الطرجهالي والدرقي لهما دور في عملية انفتاح الحنجرة وانغلاقها، وأن الغضروف الحلقي (الذي لا اسم له) والدرقي يقومان بنفس الدور السابق تقريباً مع اختلاف في التسميات أي يؤديان إلى توسع الحنجرة وضيقها، ويقومان كذلك كما أشار ابن سينا بدور مهم من خلال عملية التقارب والتباعد في إحداث الصوت الحاد والثقيل، ولا يقوم بهذا الدور إلا هذان الغضروفان معاً، مما يدلك على صحة ما ذهب إليه علماء التشريح ووظائف الأعضاء، ويؤيد هذا الرأي كذلك[3] ريتشاردزس سنل Richard s . snell حيث فصل دور العضلات المرتبطة بالغضروف الطرجهالي والغضروف الحلقي ودورهما المباشر في عملية فتح وغلق الحنجرة. ثم تحدث عن العضلات التي لها دور في التحكم بحركة الوترين الصوتيين. فالعضلات الحلقية الدرقية Cricothyroid لها دور كبير في عملية انقباض الوترين الصوتيين بينما أشار إلى دور العضلة الدرقية الطرجهالية Thyroary tenoid في عملية انبساط الوترين الصوتيين، وحدد كذلك العضلات المسؤولة عن عملية إغلاق الحنجرة أثناء البلع وهي عضلات متصلة بين الطرجهالي ولسان المزمار aryknoidf

---

[1]- القانون في الطب، ج1، ص64-65.

[2]- القانون في الطب، ص64-65.

-[3]Clinincal Anatomy for medical students, Richards snell Arabic edition : Word Health organization, Egypt, snell, Richard (1990) p.753.

العضلة الطرجهالية المزمارية[1] aryepigloffic muscles. وهذا عين ما ذهب إليه ابن سينا في دور العضلات وإن لم يسمها ولكنه ذكرها وذكر مواضعها ووظيفتها بقوله (الحنجرة محتاجة إلى عضل تضم الدرقي إلى الذي لا إسم له، وعضل تضم الطرجهالي وتطبقه. وعضل تبعد الطرجهالي عن الآخرين، فتفتح الحنجرة والعضل المنفتحة للحنجرة منها زوج ينشأ من العظم اللامي فيأتي مقدم الدرقي، ويلتحم منبسطاً عليه، فإذا تشنج أبرز الطرجهالي إلى قدّام وفوق، فاتسعت الحنجرة، وزوج يعد في عضل الحلقوم الجاذبية إلى أسفل ، ونحن نرى أن نعده في المشتركات بينها، ومنشؤهما من باطن القسّ إلى الدرقي ...)

وقد أشار ابن سينا هنا كذلك إلى الحركة المزدوجة للغضروف إلى فوق من ناحية وإلى الأمام من ناحية ثانية.

وتنبه ابن سينا مبكراً إلى هذا الوصف الدقيق حيث يقول : (إذا تشنج العضل أبرز الطرجهالي إلى قدام وفوق فاتسعت الحنجرة)[2].

وخلاصة القول أنني أذهب إلى ما ذهب إليه د. محمد الضالع وعلماء التشريح ووظائف الأعضاء إلى أن ابن سينا يعنى بالغضروف (الذي لا اسم له) الغضروف الحلقي Cricoid.

-[1]natomy for medical students, Richards snell Arabic edition : Word Health organization, Egypt, snell, Richard (1990) p.753.

[2] القانون في الطب ط1، ص64، أسباب حدوث الحروف، الفصل الثالث _ص.،111

2-المصدر نفسه ج1 ،ص64.

عضلات الحنجرة

أما عضلات الحنجرة فقد تنبه إليها ابن سينا دون أن يطلق الأسماء عليها كما هو الحال في كتب التشريح الحديث لتمييز العضلات بعضها عن بعض وذلك بنسبتها إلى العظام أو الغضاريف المتصلة بها[1].

ويمكن تقسيم عضلات الحنجرة حسب وظيفتها إلى عدة أقسام كما ذكر ذلك ابن سينا، وكذلك ما ذكره المحدثون في دور هذه العضلات ووظائفها، فقد قسمها د. سعد مصلوح[2] إلى مجموعتين:

الأولى : مجموعة العضلات الداخلية.

الثانية : مجموعة العضلات الخارجية.

ويلاحظ أن جميع عضلات الحنجرة زوجية باستثناء العضلة الهرمية المستعرضة.

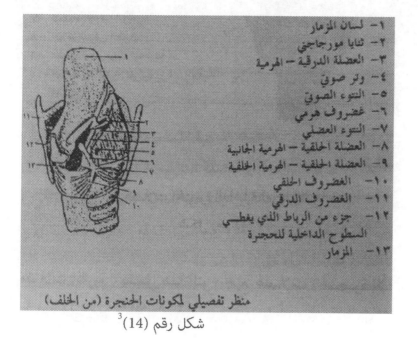

١- لسان المزمار
٢- ثنايا مورجاجني
٣- العضلة الدرقية – الهرمية
٤- وتر صوتي
٥- النتوء الصوتي
٦- غضروف هرمي
٧- النتوء العضلي
٨- العضلة الحلقية – الهرمية الجانبية
٩- العضلة الحلقية – الهرمية الخلفية
١٠- الغضروف الحلقي
١١- الغضروف الدرقي
١٢- جزء من الرباط الذي يغطي السطوح الداخلية للحنجرة
١٣- المزمار

منظر تفصيلي لمكونات الحنجرة (من الخلف)

شكل رقم (14)[3]

---

[1]- علم الأصوات عند ابن سينا ص60.

[2]- دراسة السمع والكلام ص96.

[3]- ينظردراسة السمع والكلام ص108 .

أولاً : عضلات الحنجرة الداخلية:

1- العضلات المبعدة : تعمل العضلات المبعد على فتح تجويف الحنجرة.

تقوم هذه العضلة بإدارة الغضروف الهرمي إلى الخارج، فيتسع المجال الواقع بين الوترين الصوتيين، وهو ما يسمى المزمار glottis [1].

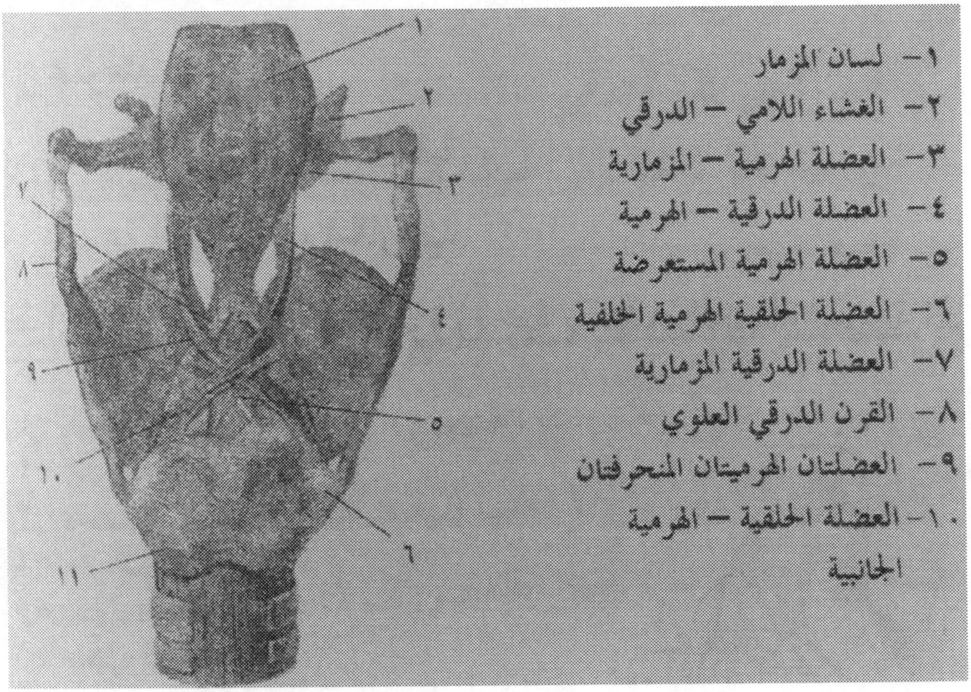

١- لسان المزمار
٢- الغشاء اللامي – الدرقي
٣- العضلة الهرمية – المزمارية
٤- العضلة الدرقية – الهرمية
٥- العضلة الهرمية المستعرضة
٦- العضلة الحلقية الهرمية الخلفية
٧- العضلة الدرقية المزمارية
٨- القرن الدرقي العلوي
٩- العضلتان الهرميتان المنحرفتان
١٠- العضلة الحلقية – الهرمية الجانبية

شكل رقم (15)[2]

2-العضلات المقربة : يشمل هذا النوع جميع عضلات الحنجرة الأخرى ولهذا الأمر ارتباط بوظيفة الحنجرة الأساسية، بوصفها صماماً يعمل لحراسة القصبة الهوائية والرئتين.

[1] - دراسة السمع والكلام ص97.

[2] - ينظر نفس المصدر ، ص117.

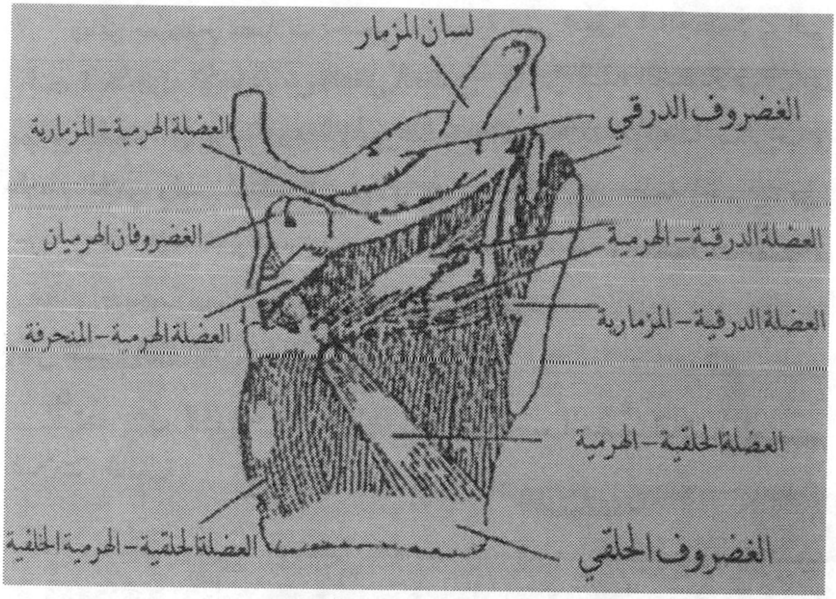

شكل رقم (16) [1]

والعضلات المقربـة هـي : العضـلة الهرميـة المستعرضـة، والعضـلة الهرميـة المتحرفـة، والعضلة الحلقية -الهرمية الجانبية، والعضلة الدرقية + الهرمية [2].

وتقوم هذه العضلات بمفردها أو مجموعها بعملية التقريب بـين الأوتار الصوتية وتقوم بتضييق الحنجرة. وهذا ما أوجزه ابن سينا بقوله : (فإذا تقارب الذي لا اسم لـه مـن الدرقي وضامه وضامه حدث منه ضيق الحنجرة) [3].

---

[1] - ينظر دراسة السمع والكلام، ص118.

[2] - دراسة السمع والكلام، ص99.

رسالة أسباب حدوث الحروف ، الفصل الثالث . ص 110-113

ينظر دراسة السمع والكلام ،ص118

[3] - رسالة أسباب حدوث الحروف ، الفصل الثالث،ص 110-113

ثانياً: عضلات الحنجرة الخارجية:

يطلق مصطلح عضلات الحنجرة الخارجية على مجموعة العضلات التي تربط الحنجرة بالأجزاء الأخرى من الهيكل العظمي -ويمكن لهذه العضلات أن تغير من موضع الحنجرة في الرقبة، وهذه المجموعة من العضلات مرتبطة تشريحياً ووظيفياً بالعظم اللامي وليس للعظم اللامي أي اتصال مباشر بأي عظمة أخرى، فهو يقف وحيداً في هذه المنطقة، وتقوم بتدعيمه مجموعة من الأربطة والعضلات تصله من أعلى إلى عظام الجمجمة ومن أسفل إلى غضاريف الحنجرة.

ويمكن تقسيم العضلات الخارجية إلى مجموعتين:

الأولى : هي مجموعة العضلات الواقعة تحت العظم اللامي وتسمى أيضاً العضلات الخافضة.

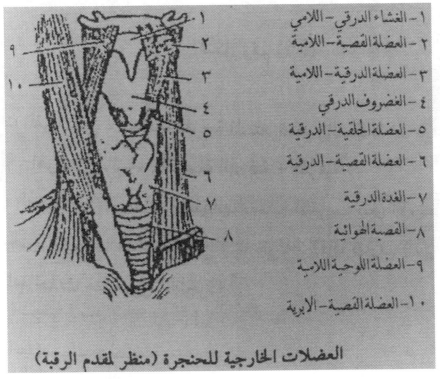

١ –الغشاء الدرقي –اللامي

٢ –العضلة القصية –اللامية

٣ –العضلة الدرقية –اللامية

٤ –الغضروف الدرقي

٥ –العضلة الحلقية –الدرقية

٦ –العضلة القصية –الدرقية

٧ –الغدة الدرقية

٨ –القصبة الهوائية

٩ –العضلة اللوحية اللامية

١٠ –العضلة القصية –الابرية

العضلات الخارجية للحنجرة (منظر لمقدم الرقبة)

شكل رقم (17)[1]

---

[1] - ينظر دراسة السمع والكلام ، ص124.

والثانية : مجموعة العضلات الواقعة فوق العظم اللامي وتسمى العضلات الرافعة.

حيث تقوم العضلات الخافضة بالضغط على الحنجرة وخفضها إلى أسفل، وتقوم العضلات الرافعة إما برفع الحنجرة والعظم اللامي، وأما برفع الحنجرة فقط إلى العظم اللامي مع تثبيته[1].

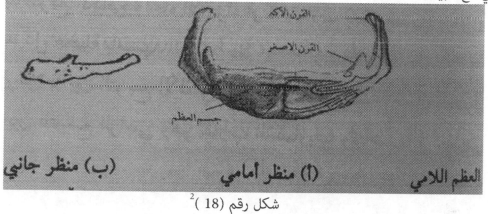

شكل رقم (18)[2]

وندرك من كلام ابن سينا أن عضلات الحنجرة على قدرٍ كبير من المرونة، وتقومُ هذه العضلات بتضييق الحنجرة وتوسيعها حسب طبيعة الخارج منها، كما تقوم هذه العضلات بالربط بين غضاريف الحنجرة وتحريكها إلى فوق وإلى أسفل، وإلى الأمام وإلى الخلف، ويتم كل ذلك بطريقة آلية تساعد الإنسان على التنفس وعلى النطق[3].

[1] - دراسة السمع والكلام، ص105.

[2] - ينظر نفس المصدر، ص121.

[3] - المصطلح الصوتي علماء العربية القدماء في ضوء علم اللغة المعاصرة، د. عبد القادر مرعي العلي الخليل،

ط 1 1993 مطبعة جامعة مؤتة، الأردن -، ص12.

يقول د. محمد صالح الضالع : (ولدى مقارنتنا بين ما أورده ابن سينا عن عضلات الحنجرة وما أوردته كتب التشريح الحديثة نجد تشابهاً كبيراً بينهما[1]). ويعقب د. محمد الضالع على ذلك بقوله :

وللوصول إلى الهيكل التشريحي عند ابن سينا نلاحظ مجموعة من العقبات تقف حجر عثرة في طريق الوضوح العلمي الذي يبغيه الباحث :

1- استخدام ابن سينا الترادف الملبس مثل الفتح والتوسيع والانبساط والانطباق والتضييق ومشتقاتها.

2- عدم تحديد الموقع المكافئ واتجاه الأجزاء أو العضلات بدقة هندسية.

3- عدم تحديد كل عضلة باسمها.

4- لم يفرق في كلامه بين التوسع الأفقي للحنجرة أي منطقة الحبال الصوتية   vocal cords وبين التوسع الرأسي وهو تقارب الغضاريف وتباعدها في الحنجرة Larynx.

5- لم يفرق ابن سينا تفريقاً واضحاً بين عضلات الحنجرة الخارجية وعضلاتها الداخلية مما يسهل الأمر على المتتبع كما هو الحال في التشريح الحديث[2].

ويقول د. محمد الضالع : (ومما يحمد لابن سينا أنه يقدم لوصفه العلمي بجمل موجزة شاملة أو بعبارات كلية تعطي صورة كافية أحياناً. فيلخص لنا أنواع عضلات الحنجرة ووظائفها في تقريراته الثلاثة الآتية[3] :

- (عضل يضم الدرقي إلى الذي لا اسم له).
- (عضل يضم الطرجهالي ويطبقه).
- عضل تبعد الطرجهالي عن الدرقي وعن الذي لا اسم له).

[1] - علم الأصوات عند ابن سينا، ص61.
[2] - علم الأصوات عند ابن سينا ، ص61.
[3] - القانون في الطب، ص65، رسالة أسباب حدوث الحروف- الفصل الثالث.ص109 .

ونحن لا نذهب إلى ما ذهب إليه د. محمد الضالع من أن ابن سينا لم يفرق في كلامه بين التوسع الأفقي والرأسي للحنجرة فقد بين ذلك في أكثر من موضع في كتبه وقد أشرت إلى ذلك في الصفحات السابقة وكذلك فرق ابن سينا بين عضلات الحنجرة الخارجية والداخلية. وقد بينت ذلك من خلال النصوص السابقة لذلك.

وقد أشار د. محمد الضالع[1] إلى إدراك ابن سينا لهذا الأمر بنفسه بقوله : (وإلى وقت قريب ظن كثير من علماء التشريح أن الطرجهالي يدور على جدار الغضروف الحلقي على محور رأسي Movement axix vertically sek ولكن تنبه بعضهم ومنهم برتل سنسن Bertil Sonesson إلى أن الغضروفين arytenoids يتحركان إما بالدوران إلى الخلف والصعود إلى أعلى rotation وبذلك يتباعدان وإما بالإنزلاق إلى أسفل Translation وبذلك يتقاربان وسبب ذلك أن ربوة جدار الغضروف الحلقي الخلفي عالية مع انزلاق أمامي يتهندم عليهما الغضروفان اللذان يعملان على غلق وفتح الحنجرة Glottis وتنبه ابن سينا إلى هذا الوصف الدقيق مبكراً حيث يقول : (وإذا تشنج العضل أبرز الطرجهالي إلى قدام وفوق فاتسعت الحنجرة)[2])[3]

---

[1]- الأصوات عند ابن سينا، ص62.

[2]- القانون في الطب ، ج1، ص42.

[3]- الأصوات عند ابن سينا، ص62-63.

الوتران الصوتيان Vocal Cords :

ويطلق عليهما كذلك الحبلان الصوتيان وقد حقق لهذه التسميات د. علي النعيم ولمزيد من الاطلاع يمكن الرجوع إلى رسالته -وهما عبارة عن عضلة درقية هرمية ونسيج حرف عبارة عن رباط عظمي مرن -فالوتران الصوتيان إذاً رباطان مرنان، يشبهان الشفتين، ويمتدان أفقياً من الخلف إلى الأمام حيث يلتقيان عند ذلك البروز المسمى بـ (تفاحة آدم) ويوجد فوق الحبلين الصوتيين وزوج آخر من الشفتين ذو شكل مماثل يطلق عليه اسم "الحبال الصوتية الزائفة" التي لا يُرى منها شيء في حالة التصويت العادي، وتوجد بين الشفتين "السفلى والعليا" بطينات مورجاني، التي قد يكون لها تأثير رنيني ما على النغمة الحنجرية[1].

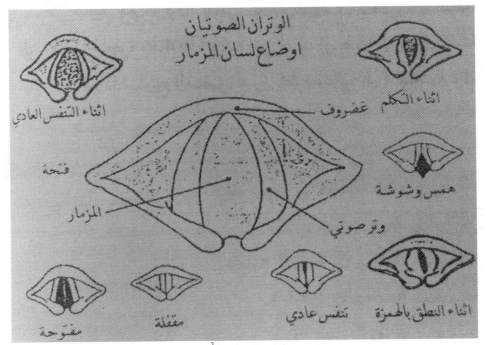

شكل رقم (19)[2]

---

[1]- علم الأصوات اللغوية، عصام نور الدين، الطبعة الأولى 1992م دار الفكر اللبناني - بيروت، لبنان،ص104.

[2]- ينظر الأصوات اللغوية ، عبد القادر عبد الجليل ،ص65

درس علماء التشريح هذين الوترين فوجدوا أن طول كل منهما يتراوح بين 22-27 مليمتراً، وهما عند الرجال أطول مما هو عليه عند النساء وأغلظ، مما يؤدي إلى انخفاض معدل تذبذبهما عند الرجال لأن تذبذبهما يكون كبيراً كلما كانا قصيرين ورقيقين والعكس بالعكس[1] ولهذا فصوت النساء والأطفال أَحدّ من صوت الرجال.

المزمار:

هو ذلك الفراغ الواقع بين الوترين الصوتيين وله غطاء يسمى "لسان المزمار" ووظيفته الإنقباض والإنبساط وتنبسط بنسب مختلفة مع الأصوات، مما يؤدي إلى اختلاف نسبة شد الوترين الصوتيين واستعدادهما للاهتزاز، فكلما زاد توترهما زادت نسبة اهتزازهما في الثانية فتختلف تبعاً لذلك درجة الصوت[2].

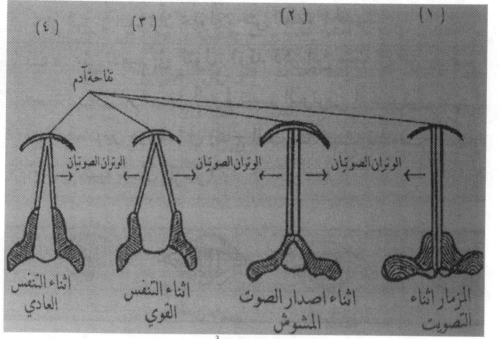

شكل رقم (20)[3]

---

[1]- الأصوات اللغوية ، عبد القادر عبد الجليل ص32.

[2]- علم الأصوات اللغوية ، عصام نور الدين، ص79.

[3]- ينظر الأصوات اللغوية، عبد القادر عبد الجليل،ص32.

فالمزمار يكون مفتوحاً خلال التنفس العادي، وأثناء النطق ببعض الصوامت المهموسة ولكنه يكون منغلقاً أثناء التصويت ..... فإذا بقي الجزء الموجود بين الغضروفين الهرميين مفتوحاً بحيث يسمح للهواء بالمرور سمعنا صوتاً، هو صوت الوشوشة ... ... وإذا كان الإغلاق إغلاقاً تاماً كان المزمار في وضع الاستعداد للتذبذب شريطة أن يكون شدّ العضلة الدرقية الهرمية وتوترها هو المناسب للنغمة المراد نطقها[1].

ويذهب د. عبد القادر العلي إلى القول [2]:والذي يلاحظ هنا أنّ ابن سينا لم يُشر إلى ذكر الوترين الصوتيين، وربّما يعود ذلك إلى عدم وجود الأجهزة الدقيقة في عصره، والتي تساعد على اكتشاف هذين العضوين، كما أنه لم يجد ذكراً لهذين العضوين عند قدماء اليونان والرومان. وظل الوتران الصوتيان مجهولين حتى العصر الحديث.

ويذهب د. علي النعيم[3]إلى القول: (وقد ذكر ابن سينا في غير موضع أن الحنجرة هي آلة الصوت، وعلى الرغم من أنه لم يسم الوترين الصوتيين فقد أشار إليهما صراحة، ووضعهما وبين دورهما في إنتاج الصوت حيث قال عن الصوت : (وآلته الحنجرة والجسم الشبيه بلسان المزمار)[4].

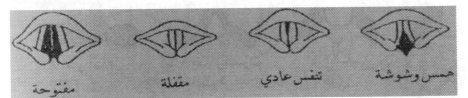

شكل رقم (21)[5]

---

[1]- علم الأصوات اللغوبة ، عصام نور الدين ،ص79.

[2]- المصطلح الصوتي، ص87.

[3]- الوتران الصوتيان، ص34 .

[4]- القانون في الطب، ج2، ص224.

[5]- ينظر الأصوات اللغوية ، عبد القادر عبد الجليل ، ص33

ثم يعقب بقوله : (وهذه الكلمات التي وصف بها ابن سينا آلية إنتاج الصوت لا تكاد تختلف عن أحدث النظريات في هذا المجال، ومعلوم أن الحنجرة تتحكم إلى حد كبير بحركة هذين الوترين –الجسم الشبيه بلسان المزمار- ولكن الصوت ينتج حقيقة عن اهتزاز الوترين ويسمي ابن سينا ما نسميه الآن بالوترين : (الجسم الشبيه بلسان المزمار)[1])[2]

وقال ابن سينا في موضع آخر (وخلق لأجل التصويت الشيء الذي يسمى لسان المزمار، يتضايق عنده طرف القصبة ثم يتسع عند الحنجرة، فيبتدئ من سعة إلى ضيق، ثم إلى فضاء واسع كما في المزمار، فلا بد للصوت من تضييق المحبس، وهذا الجرم الشبيه بلسان المزمار من شأنه أن يتضام وينفتح ليكون بذلك قرع الصوت)[3]. ويقول أيضاً (وفي داخلها –أي الحنجرة- الجرم الشبيه بلسان المزمار، وهو مثل الزائدة التي تشابه رأس المزمار فيتم به الصوت)[4]. ثم يعقب د. علي النعيم بقوله (ويحس القارئ أن ابن سينا يكاد يدرك إدراكاً تاماً دور الوترين الصوتيين في التصويت وحركتهما في الفتح والضم التي ينتج عنها قرع الصوت كما قال)[5]. وقد سماها ابن سينا بالجرم مرة وبالشيء الشبيه بلسان المزمار.

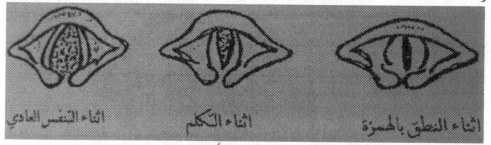

| أثناء النطق بالهمزة | أثناء التكلم | أثناء التنفس العادي |

شكل رقم(22)[6]

---

[1]- القانون في الطب ، ج 2 ، ص224.

[2]- الوتران الصوتيان، ص34.

[3]- القانون، ج2، ص222.

[4]- القانون في الطب، ج2، ص225.

[5]- الوتران الصوتيان، ص34.

[6]- ينظر الأصوات اللغوية ،ص33

وظيفة الوترين الصوتيين : الوظيفة الأساسية للوترين الصوتيين هي إحداث الذبذبات التي ينتج عنها إحداث الجهر في الأصوات.

وقد أدرك ابن سينا هذه الوظيفة أثناء حديثه عن الأصوات الشـديدة والرخـوة والتـي سماها ابن سينا بالحروف المفردة والحروف المركبة بقوله : (وهذه الحروف المفردة حدوثها في ذلك الفاصل بين زمان الحبس وزمان الإطلاق، لأن زمان الحبس التام لا يمكن فيه حدوث صوت من الهواء، وهو ساكن من جهة الحبس وفي زمـان الإطـلاق لا يسـمع شيء مـن هـذه الحروف من أجل أنه لا امتداد فيه إلا مع إزالة الحبس فحسب، أما الحروف الأخـرى فإنهـا مشتركة في أن تمتد زماناً وتفنى زمان الإطلاق التام، وتمتد في ذلك الزمان الـذي يجتمـع مـع زمان الإطلاق)[1].

وبهذا نستطيع أن نقول أن ابـن سـينا اسـتطاع تحديـد الـوترين الصوتيين وتحديـد وظائفها وأنه من أول علماء العرب الذي اكتشف دور الحنجـرة في عمليـة التصـويت ودور الوترين الصوتيين في عملية التصويت.

---

[1]- أسباب حدوث الحروف، الفصل الثاني.ص105.

ثالثاً : الجهاز النطقي

يسمى التجاويف فوق المزمارية، وتلعب دوراً بارزاً ومهماً في العملية الكلامية. يتمثل هذا الدور في حجرات الرنين التي تدور في فلكها التشكيلة الصوتية غير المفرزة (المادة الخام) والمنتظمة قبل تلاونها عن طريق تدخل الأعضاء الأخرى. وتتمثل أعضاء الجهاز النطقي فيما يلي :

1- **الحلق**: هو التجويف الذي يقع بين الحنجرة وأقصى الفم، ومهمته كفراغ رنّان يقوم بمهمة التضخيم لبعض الأصوات وإكسابها درجة علو وكثافة بعد صدورها من الحنجرة، وقد التفت قدامى علماء العربية إلى هذه المنطقة من التجاويف واعتبروا مبتدأها أقصى الحنك والحنجرة.

يقول ابن سينا في القانون، فصل تشريح أعضاء الحلق : (يعني بالحلق الفضاء الذي فيه مجريا النفس والغذاء ، ومنه الزوائد التي هي اللهاة واللوزتين والغلصمة[1] ...)[2].

وذهب د. كريم حسام الدين بقوله : (تمثل فراغات الحنجرة والفم والأنف غرف رنين تشبه صناديق الرنين في الآلات الموسيقية التي تقوم بإضفاء عنصر الرنين والتقوية للصوت الإنساني وهذه القيمة الصوتية تجعلنا نميز أصوات من نعرف من الزملاء والأصدقاء[3].

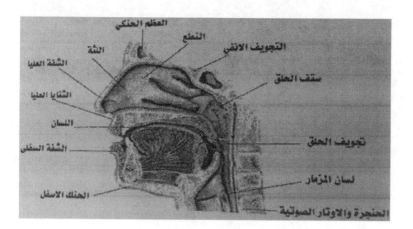

شكل رقم(23)[4]

---

[1]- الغلصمة : متصل الحلقوم بالحلق وقيل هي اللحم الذي بين الرأس والعنق.

[2]- القانون في الطب، ج3، ص113.

[3]- الدلالة الصوتية ، د. كريم حسام الدين ، الطبعة الأولى ، 1992مكتبة الأنجلو المصرية ، ، ص18.

[4]- ينظر التشريح الوظيفي ، ص117.

2- **اللسان**: يعتبر اللسان العضو المهم في تشكيل العملية النطقية، ولهذا نجد أن قدامى علماء العربية يؤكدون في تصانيفهم على الفصاحة والذلاقة، وعذوبة القول، واختلاف اللهجات واللغات وأن مردها إلى هذا العضو بخصوصيته وقدرته التكوينية[1].

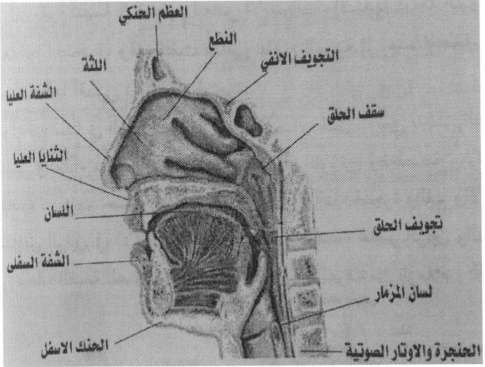

العظم الحنكي

النطع

التجويف الانفي

اللثة

سقف الحلق

الشفة العليا

الثنايا العليا

اللسان

تجويف الحلق

الشفة السفلى

لسان المزمار

الحنجرة والاوتار الصوتية

الحنك الاسفل

شكل رقم (24)[2]

[1]- الأصوات اللغوية ، د. عبد القادر عبد الجليل، ص42 .
[2]- ينظر التشريح الوظيفي ، ص117.

وقد ذكر ابن سينا اللسان تشريحياً ووظيفياً بقوله : (وأما اللسان فتحركه بالتحقيق ثماني عضل : منها عضلتان تأتيان من الزوائد السهمية التي عند الأذن يمنة ويسرة وتتصلان بجانبي اللسان، فإذا تشنجتا عرضتاه، ومنها عضلتان تأتيان من أعالي العظم الشبيه باللام وتنفذان وسط اللسان، فإذا تشنجتا جذبتا جملة اللسان إلى قدام فتبعها جزء من اللسان واستد وطال.

ومنها عضلتان من العضلين السافلين من أضلاع هذا العظم ينفذان بين المعرضين والمطولين ويحدث عنهما توريب اللسان. ومنها عضلتان موضوعتان تحت هاتين، وإذا تشنجتا بطحتا اللسان. وأما تمييله إلى فوق وداخلا فمن فعل المعترضة والموربة)[1].

وأورد ابن سينا في القانون[2]، وفي الشفاء[3]، قوله : (أما العضل المحرك للسان فهي عضل تسع ....)

ولعل الفرق بين النصين قوله في نهاية نص القانون : (وقد يُذكر في جملة اللسان عضلة مفردة تصل ما بين اللسان والعظم اللامي وتجذب ، أحدهما إلى الآخر ...)[4] أي أنه أضاف في القانون العضلة المتصلة بالعظم اللامي.

لم يهتم ابن سينا بتشريح اللسان مثل اهتمامه بتشريح الحنجرة ، واكتفى بوصف عضل اللسان، ولم يميز بين عضل اللسان الخارجي والداخلي. بل إنه لم ينتبه إلى عضلات اللسان الداخلية. فاختلط على ابن سينا الأمر بالنسبة لنوع العضلات ومن ثم لوظائف كل منها وربما يرجع ذلك إلى أن شكل اللسان يشبه شكل العضلة الواحدة دون التدقيق في تفاصيله الداخلية[5].

---

[1]- رسالة أسباب حدوث الحروف الفصل الثالث،ص113.

[2]- القانون في الطب، ج1، ص66.

[3]- الشفاء، كتاب الحيوان، ج3، ص262.

[4]- القانون في الطب ، ج1، ص66.

[5]- علم الأصوات عند ابن سينا، ص69.

3- **التجويف الفمي:** ويقسم إلى عدة أقسام :

1- اللّثة- أصول الثنايا.

2- الحنك الصلب – الطبق الصلب – الغار – النطع : ويتسم بالثبات وعدم الحركة.

3- الحنك اللين – الطبق- أقصى الحنك الأعلى : وهو جزء متحرك له علاقة مباشرة في تلونات الصوت وتشكيلاته إذا أريد إخراجه من الفم أو الأنف، ذلك برفعه إلى الأعلى، بغية إغلاق طريق الهواء وتوجيهه نحو الأنف.

4- اللهاة : زائدة لحمية قصيرة تتدلى من الأعلى إلى أسفل الطرف الخلفي للحنك اللين. ودورها واضح في تشكيل صوت القاف العربية.

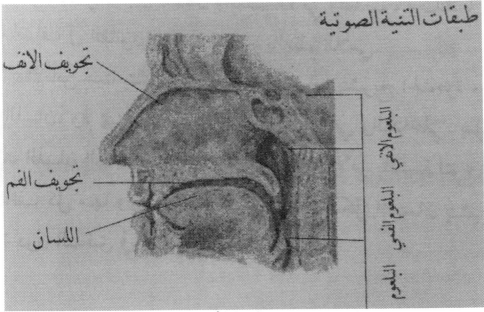

طبقات البنية الصوتية
تجويف الأنف
تجويف الفم
اللسان
البلعوم الأنفي
البلعوم الفمي
البلعوم

شكل رقم (25)[1]

[1]- ينظر شبكة الإنترنت .http : // www.med .jhu.edu/voice/larynx.html، (بتصرف)

يقول ابن سينا في القانون : (يعني بالحلق الفضاء الذي يجري فيه مجريا النفس والغذاء، منه الزوائد التي هي اللهاة واللوزتان والغلصمة ... وأما اللهاة فهي جوهر لحمي معلق على أعلى الحنجرة ، كالحجاب، ومنفعته تدريج الهواء لئلا يقرع ببرده الرئة فجأة، ويمنع الدخان والغبار، وليكون مقرعة للصوت، يقوّي بها، ويعظم كأنه باب مؤصد على مخرج الصوت بقدره، وأما اللوزتان فهما اللحميتان الناتئتان في أصل اللسان إلى فوق كأنهما أذنان صغيرتان، وهما لحميتان عصبيتان كغدتين ليكونا أقوى، وهما من وجه كأصلين للأذنين ، والطريق إلى المريء منها ...)[1]

4- **التجويف الأنفي**: يطلق عليه بعض العلماء الجيوب الأنفية السبعة. هذه التجاويف الثابتة المنشأ غير المتحركة - تعمل كحجرات رنين من حيث التأثير في تلونات الصوت اللغوي. وفي هذا التجويف يتشكل صوتا الميم والنون العربية.

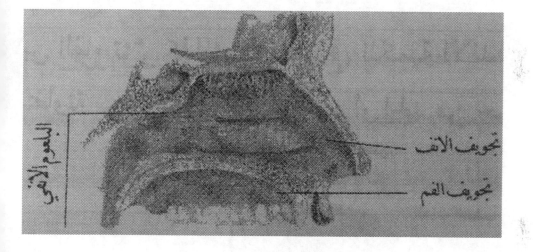

شكل رقم (26)[2]

وقد وصف ابن سينا في القانون تشريح المنخر بقوله : (أما طرفا الأرنبة فقد يتصل بها عضلتان صغيرتان قويتان، أما الصغرى فلكي لا تضيق على سائر العضل التي الحاجة إليها أكثر لأن حركات أعضاء الخد والشفّة أكثر عدداً وأكثر تكراراً ودوماً، والحاجة إليها أحسن من الحاجة إلى حركة طرفي الأرنبة ...)[3].

---

[1]- القانون في الطب، ج3، ص113.

[2]- ينظر شبكة الإنترنت موقع .http : // www.med .jhu.edu/voice/larynx.html، (بتصرف)

[3]- القانون في الطب، ج1، ص62.

3- ينظر شبكة الإنترنت.

5- **الشفاه**: الشفتان عضوان مهمان في عملية التأثير على صفة الصوت ونوعه، لما يتمتعان به من مرونة تمكنهما من اتخاذ أوضاع وأشكال مختلفة من الانفراج والإغلاق لفتحه الفم، والاستدارة والانبساط والانطباق، مما حدى ببعض المحدثين إلى إطلاق مصطلح التشنيفهية لما للشفتين من أهمية في رسم أبعاد الصوت اللغوي. يقول ابن سينا في القانون : (أما الشفة فمن عضلها مشتركة لها وللخد، ومن عضلها ما يخصها، وهي عضل أربع : زوج منها يأتيها من فوق سمت الوجنين ويتصل بقرب طرفها، واثنان من أسفل، وفي هذه الأربع في تحريك الشفة وحدها)[1].

6- **الأسنان**: تكمن أهمية الأسنان، كجزء لا يقل ضرورة عن بقية أعضاء النطق، لما تمتلكه من خاصية القدرة على التأثير في صفة الصوت ونوعه.

والأسنان بالرغم من ثباتها، فإنها تضطلع بدور مهم في عملية التصويت خصوصاً في بعض الأصوات التي يتكئ اللسان عليها في صياغتها النهائية ، كالدال والثاء ، مثلاً، أو في إنتاج الفاء حين تضغط الأسنان العليا على الشفة السفلى، مع فراغ لخروج هواء تلوين الفاء تؤثر كذلك الأسنان في الكمية الاندفاعية لهواء الرئتين، حين تخضعه إلى نسب متفاوتة من الأنسياب أو التوقف، أو الحد من حركته بمساعدة اللسان.

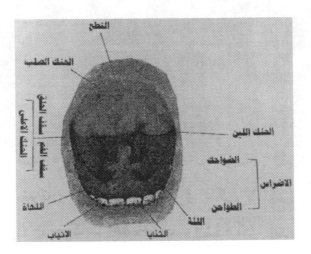

شكل رقم (27)[2]

[1] - القانون في الطب، ج1، ص 61-.62.
2- ينظر الأصوات اللغوية ، ص62 .
[2] - ينظر الأصوات اللغوية ، د. عبد القادر عبد الجليل، ص62.

وقد وصف ابن جنّي في سر صناعة الأعراب الأسنان وصفاً دقيقاً يذهب بنا إلى دقة هذا العالم وإحاطته بمجريات مكوّنات هذا الجهاز المهم يقول : (شبه بعضهم الحلق والفم بالناي، فإن الصوت يخرج فيه مستطيلاً أملس ساذجاً، كما يجري الصوت في الأنف غُفلاً بغير صنعة، فإذا وضع الزامر أنامله على فروق الناي المنسوقة، وراوح بين عمله، اختلفت الأصوات، وسمع لكل فرق منها صوت لا يشبه صاحبه .... واختلاف الأصوات هناك كاختلافها هنا)[1].

يقول ابن سينا في القانون : (أما الأسنان فهي اثنان وثلاثون سناً، وربّما عدمت النواجذ منها في بعض الناس وهي الأربعة الطرفانية فكانت ثمانية وعشرين سناً فمن الأسنان ثنيتان ورباعيتان من فوق ومثلها من أسفل للقطع ونابان من فوق ونابان من تحت للكسر ـ وأضراس للطحن من كل جانب فوقاني وسفلاني أربعة أو خمسة، فجملة ذلك اثنان وثلاثون أو ثمانية وعشرون)[2].

يقول د. عبد القادر مرعي[3] : مما سبق نستدل أن ابن سينا قد وصف معظم أجزاء جهاز النطق كالحنجرة وغضاريفها واللسان وعضلاته، والفكين وعظامهما والأنف والأسنان وأنواعها، حيث وصفها وصفاً دقيقاً يدل على معرفته بالتشريح، ونرى أنَّ وصفه لهذه الأعضاء يطابق ما جاءت به الدراسات الصوتية الحديثة في هذا المجال، وفي هذا يقول خليل إبراهيم العطية : وليس في هذا غرابة، فقد كان الرجل طبيباً، له مؤلفات أثنى عليها القدماء، شاهدة على براعته وفيض علمه فعرف ابن سينا غضاريف الحنجرة الثلاثة ...)[4].

---

[1]- ابن جني ، أبو الفتح عثمان، سر صناعة الأعراب، تحقيق إسماعيل وأحمد رشيد شحاتة عامر، الطبعة الأولى
2000، دار الكتب العلمية - بيروت - لبنان ، ج1، ص8-9.
[2]- القانون في الطب، ج1، ص46.
[3]- المصطلح الصوتي، ص45، رسالة د. علي النعيم.
[4]- في البحث الصوتي عند العرب، خليل إبراهيم العطية ص21-22، دار الجاحظ للنشر، بغداد العراق، الطبعة الأولى 1983.

ونستطيع أن نؤكد ما أورده د. عبد القادر مرعي. من أن ابن سـينا كـان أول مـن وصف الحنجرة من علماء العـرب وأشـار إلى دورهـا في عمليـة التصويت وكـذلك أشـار إلى الوترين الصوتيين ودورهما في عملية التصويت ونذهب إلى ما ذهب إليه د. علي النعيم أن هذه الاكتشافات لم يطورهـا العلـماء العـرب بعـد ابـن سـينا حتـى جـاء الغـرب في العصـر ـ الحديث وأخذوا أصول هذا العلم من تراثنا واستطاعوا تطوير هذا العلم واكتشاف العديد من الأجهزة الخاصة بعملية التصويت[1].

---

[1] - ولمزيد من معرفة هذه الأجهزة مراجعة رسالة د. علي النعيم وغيرها.

الفصل الثاني
الباب الأول
فيزياء الصوت والسمع

تتلخص فلسفة ابن سينا العلمية والعملية بـالعلم الطبيعي عنـد كـل دراسـة نظريـة كانت أم عملية. ومن خلاله يقدم كليات تمهد وتوضح الظواهر وأسبابها، ففـي كتـاب "الشفاء" يبدأ العلم الطبيعي بعد أن يمهد له بمدخل عن المنطق الذي هو آلة الحكيم يميز بها صحيح الفكر من فاسده.

كان العلم الطبيعي عند القدماء يضمُ كثيراً من العلوم البحتة التي نعرفها هذه الأيام مثل الفيزياء والجيولوجيا والبيولوجيا والفلك وعلوم التشريح والفسيولوجيا وعلم النفس. وفي رسالة أسباب حدوث الحروف اتّبع فيه نفس المنهج حيث بدأ بالفيزياء ثم بالتشريح وأخيراً باللغة[1].

تعريف الصوت؟

الصوت: هو اضطراب تضاغطي ينتقل خلال وسط ما ويسبب حركة لطبلة الأذن تؤدي بالتالي إلى الإحساس بالسمع[2].

يعرفه الجاحظ بقوله: الصوت الإنساني هو جوهر الكلام ومادته، يقول الجاحظ (ت255 هـ) (الصوت هو آلة اللفظ ، والجوهر الذي يقوم به التقطيع، وبه يوجد التأليف، ولن تكون حركات اللسان لفظاً ولا كلاماً موزوناً ولا منثوراً إلا بظهور الصوت ، ولا تكون الحروف كلاماً وإلا بالتقطيع والتأليف)[3].

ويعرفه د. عبد الجبار عبد الله بقوله: الصوت ظاهرة تنتقل على صورة حركة ذبذبية في الوسط المادي)[4].

1- علم الأصوات عند ابن سينا، ص29.
2- الدلالة الصوتية، ص46.
3- البيان والتبين، الجاحظ ، أبو عثمان عمرو بن بحر، تحقيق وشرح عبد السلام هارون، بدون طبعة، دار الجيل ودار الفكر، بيروت، لبنان، ج1 ، ص285.
4- علم الأصوات، د.عبد الجبار عبد الله، ط1 1955م،مطبعة العاني ، بغداد – العراق ص334.

ويعرفه ابن جني (ت 392 هـ) بقوله: (اعلم أن الصوت عرض يخرج مع النفس مستطيلاً متصلاً حتى يعرض له في الحلق والفم والشفتين مقاطع تثنيه عن امتداده واستطالته فيسمى المقطع أينما عرض له حرفاً، وتختلف أجراس الحروف بحسب اختلاف مقاطعها، وإذا تفطنت لذلك وجدته على ما ذكرته لك، ألا ترى أنك تبتدئ الصوت من أقصى حلقك، ثم تبلغ به أي المقاطع شئت فتجد له جرساً ما، فإن انتقلت منه راجعاً عنه أو متجاوزاً له ثم قطعت أحسست عند ذلك صدى غير الصدى الأول، وذلك نحو الكاف فإنك إذا قطعت بها سمعت هناك صدى ما، فإن رجعت إلى القاف سمعت غيره، وإن جزت إلى الجيم سمعت غير ذينك الأولين، وسبيلك إذا أردت اعتبار صدى الحرف أن تأتي به ساكناً لا متحركاً لأن الحركة تقلق الحرف عن موضعه ومستقره وتجذبه إلى جهة الحرف الذي هي بعضه، ثم تدخل عليه همزة الوصل مكسورة من قبله لأن الساكن لا يمكن الابتداء به فتقول أك، أج، أق، وكذلك سائر الحروف)[1]. أما ابن سينا يقول : (أظن أن الصوت سببه القريب تموّج الهواء دفعة وبقوة وبسرعة من أي سبب كان)[2]. وصف ابن سينا أسباب حدوث الصوت وصفاً دقيقاً موجزاً، ولعل نظرية السببية كانت الغالبة في عصر ابن سينا، وكان ابن سينا متأثراً بها جداً فقد سمى الكثير من المصطلحات مسبوقة بكلمة سبب مثل : "سبب قريب" و "وسبب بعيد" و "وسبب أكثري" ... الخ. ولكي تكتمل الصورة ويتم الفهم من مقصود ابن سينا لابد من الرجوع إلى كتبه الأخرى التي ذكر فيها الصوت ففي كتاب الشفاء يقول: (إن الصوت لا يحدث إلا عن قرع أو قلع، فالقرع مثل قرع صخرة أو خشبة يحدث معه أو بعده صوت، وأما القلع فمثل فصل شقي شيء مشقوق عن الشق الآخر، مثل خشبة يفصل أحد شقيها عن الآخر فصلاً طولياً)[3].

1- سر صناعة الإعراب ، ج1، ص6-7.

2- رسالة أسباب حدوث الحروف، الفصل الأول، ص103-104.

3- الشفاء ، الطبيعيات، الفن السادس، النفس، تحقيق الأب جورج قواتي وسعيد زايد تصدير وتقديم د. إبراهيم مدكور المكتبة العربية، وزارة الثقافة ، مصر ، 1975، ص70.

الثنيات الصوتية

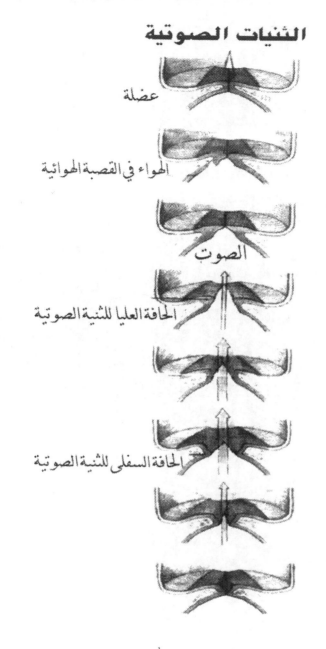

عضلة

الهواء في القصبة الهوائية

الصوت

الحافة العليا للثنية الصوتية

الحافة السفلى للثنية الصوتية

شكل رقم (28)[1]

1- ينظر شبكة الإنترنت .http : // www.med .jhu.edu/voice/larynx.html، (بتصرف)

ويعرض ابن سينا في الشفاء إلى أمر كان ولا زال محل خلاف بين علماء الطبيعة وذلك حين يتساءل: هل الصوت هو نفس القرع والقلع؟ هل هو نفس التموج الذي في الهواء؟ أو هو شيء ثالث يتولد في المصدر المهتز وهذا الشيء الثالث يتبع الحركة الموجية أو يصاحبها حين تصل إلى الأذن)[1].

يقول د. إبراهيم أنيس (وهنا نشعر أن ابن سينا يتردد في الإدلاء بحكم قاطع حاسم، ولكنه فيما يبدو كان أميل إلى عد الصوت شيئاً ثالثاً، لا هو نفس القرع والقلع، ولا نفس التموج)[2]. ثم يتساءل ثانية : هل للصوت وجود في الخارج يتبع الحركة الهوائية أو يصاحبها، أو أنه لا وجود له إلا في السمع)[3] ثم يحاول جاهداً أن يثبت للصوت وجوداً في الخارج فيقول : (ولعل مما يعين على إدراك أن للصوت وجوداً في الخارج أن سامع الصوت يدرك جهته التي يولد وينتهي، فلو كان الصوت يحدث في الأذن فقط وليس آتياً من الخارج لما أمكن تمييز جهته يميناً أو شمالاً. وبهذا يتضح أن للصوت وجوداً في الخارج لا من حيث هو مسموع بالفعل بل من حيث هو مسموع بالقوة)[4].

وفي رسالة أسباب حدوث الحروف ذكر ابن سينا في الفصل الأول مجموعة من المصطلحات مثل القرع والقلع والموجة والتموج فيقول : (والذي يشترط فيه من أمر القرع عساه أن لا يكون سبباً كلياً بل كأنه سبب أكثري، ثم إن كان سبباً كلياً فهو سبب بعيد ليس السبب الملاصق لوجود الصوت، والدليل على أن القرع ليس سبباً كلياً للصوت أن الصوت قد يحدث أيضاً عن مقابل القرع وهو القلع، وذلك أن القرع هو : (تقريب جرم ما إلى جرم مقاوم لمزاحمته تقريباً تتبعه مماسة عنيفة لسرعة حركة التقريب وقوتها). ومقابل هذا لا تبعيد جرم مّا عن الجرم آخر مماسّ له منطبق

1- الشفاء ، النفس، ص71.

2- الأصوات اللغوية، إبراهيم أنيس، ص177، الشفاء، النفس، ص172.

3- الشفاء، النفس، ص71.

4- المصدر نفسه، ص71.

أحدهما على الآخر تبعيداً ينقلع عن مماسته انقلاعاً عنيفاً لسرعة حركة التبعيد).

وهذا يتبعه صوت من غير أن يكون هناك قرع، لكن يلزم في الأمرين شيء واحد وهو تموج سريع عنيف في الهواء، أما القرع فلإضطرار القارع الهواء إلى أن ينضغط وينفلت من المسافة التي يسلكها القارع إلى جنبتها بعنف وشدة وسرعة، وأما في القلع فلاضطرار القالع الهواء إلى أن يندفع إلى المكان الذي أخلاه المقلوع فيها دفعة بعنف وشدة. وفي الأمرين جميعاً يلزم المتباعد من الهواء أن ينقاد للشكل والموج الواقع هناك، وإن كان القرعيّ أشـد انبساطاً من القلعيّ. ثم ذلك الموج يتأدى إلى الهواء الراكد في الصماخ فيموجه فتحس به العصبة المفروشة في سطحه، فإذن العلة القريبة- كما أظن- هو التموج وللتموج علتان : قرع وقلع، وإن ذهب ذاهب إلى أن القلع يحدث في الهواء قرعاً وراءه، وهو سبب للصوت، فليس هذا القول مما يحتاج إلى أن نتكلف إبانته)[1] يرى ابن سينا أن الصوت سببه يحـدث نتيجة القرع والقلع[2].

وأما الفخر الرازي فيقول في سبب حدوث الصوت : (يُقال إنَّ النظام المتكلم كان يزعم أن الصوت جسم، وقيل سببه تموّج في الهواء، فإمساك عنيف، وهو القرع، أو تفريق عنيف وهو القلع)[3].

وحدد الفارابي معنى القرع بقوله : (هـو مماسـة الجسـم الصلب جسماً آخر صلباً مزاحماً له عن حركة، والأجسام التي لدينا، تحرك أي جسم آخر في الهواء، أو في المـاء، أو فيما جانسهما من الأجسام التي يسهل انحرافها. ومتى تحرك الجسـم القارع إلى المقروع الذي يقرعه، فإن أجزاء الهواء التي بينه وبين المقروع الذي يقرعه، منها قد ينحرف (يسهل اجتيازه)، ويبقى من الهواء أجزاء لا تنحرف، ولكن تندفع بين يديه ، فيضطره القارع إلى أن ينضغط بينه وبين الجسم المقروع، فينفلت من بينهما ثانياً، كما

1- رسالة أسباب حدوث الحروف، الفصل الأول، ص103.
2- كتاب المباحث المشرقية في علم الإلهيات والطبيعيات، للإمام فخر الدين بن محمد بن عمر الرازي، ط1 1966م، مكتبة الأسد بطهران، إيران، ج1 ص305، المصطلح الصوتي عند علماء العرب، ص75.
3- المصدر نفسه، ص75.

يعرض للخرزة إذا ضغطت بين إصبعين أن تنفلت من بينهما، ومتى نبا الهواء (اندفع بشدة) بين القارع والمقروع مجتمعا متصل الأجزاء حدث حينئذ صوت، وكلما كان الهواء النابي بينهما أشدّ اجتماعاً فحدوث الصوت فيه أمكن وأجود)[1].

وقد أشار ابن سينا إلى دور تموج الهواء في حدوث الصوت، حيث يقول: (ولكنه يلزم في كلا الأمرين –أي القرع والقلع- شيء واحد، وهو تموج سريع عنيف في الهواء)[2] وهو يشير بهذا القول إلى دور الأمواج والذبذبات الصوتية التي تحدث نتيجة القرع والقلع، والتي تنقل إلى أذن السامع بواسطة الهواء.

وكذلك أشار ابن سينا إلى دور الأذن في استقبال الأمواج الصوتية، وكيف تعمل الذبذبات الصوتية على تحريك الهواء المستقر في الصماخ (داخل الأذن) ومن ثم تنتشر تلك الذبذبات إلى أعصاب السمع المختلفة. ويذهب د. زكي الدين حسام إلى تعريف الصوت بقوله: (الصوت كأثر سمعي متولد عن اهتزاز جسم مصوت يؤدي إلى حركة جزيئات الهواء الحاملة للصوت في سلسلة متتابعة من التضاغطات والتخلخلات ينتشر من خلال الصوت لمسافات قريبة أو بعيدة على شكل موجات صوتية غير مرئية تستجيب لها الأذن)[3]. ثم يخلص إلى تعريف الصوت بقوله: (هو اضطراب تضاغطي ينتقل خلال وسط ما يسبب حركة لطبلة الأذن تؤدي بالتالي إلى الإحساس بالسمع)[4]. بينما يرى د.عبد القادر عبد الجليل أن الصوت يصدر عن أي شيء يسبب اضطراباً أو تنوعاً اهتزازياً ملائماً في ضغط الهواء. مثل الشوكة الرنانة،وأوتار العود، والحبال الصوتية عند الإنسان، وغيرها، مما يمكن لهذه أن تتحرك في توزعات اتجاهية متنوعة

1-الموسيقى الكبير، محمد بن محمد بن طرخان الفارابي، تحقيق وشرح غطاس عبد الملك خشبة، مراجعة وتصدير محمد أحمد الحنفي، ط1 1970، دار الكاتب العربي،القاهرة-مصر، ص212-213، المصطلح الصوتي عند علماء العرب،

2- رسالة أسباب حدوث الحروف، الفصل الأول، ص103-104.

3- الدلالة الصوتية، ص18.

4- المصدر نفسه، ص30.

فتحدث في حركتها ضغطاً للهواء المحيط، مما يؤدي إلى إنتاج أصوات تسبب تبايناً في ضغط الهواء)[1].

وقال تمام حسان في تحديد مصطلح الصوت : (الصوت عملية حركية يقوم بها الجهاز النطقي، وتصحبها آثار سمعية تأتي من تحريك الهواء –فيما بين مصدر إرسال الصوت وهو الجهاز النطقي، وسركز استقباله وهو الأذن)[2] حيث يرى تمام حسان أن الصوت هو الأثر الحسي الناتج عن احتكاك الهواء بأعضاء جهاز النطق.

وقد أشار ابن سينا إلى دور الوسط الناقل بقوله : (وهذا الشيء الذي فيه الحركات شيء رطب سيال لا محالة إما ماء وإما هواء، فتكون مع كل قرع وقلع حركة للهواء أو ما يجري مجراه إما قليلاً قليلاً وبرفق، وأما دفعة على سيل تموج أو انجذاب بقوة ...)[3] ويذهب د. أحمد شوقي عمار إلى القول عن الوسط الناقل : (أما الموجة الصوتية المسموعة فتصدر من تذبذب الأوتار الصوتية والأعمدة الهوائية والرقائق وغيرها، ونتيجة لتذبذب هذه العناصر يحدث تضاغط في الهواء المحيط أثناء الحركة الأمامية للعنصر- ثم يحدث تخلخل في الهواء أثناء حركة الرجوع وهكذا تنتقل الموجة من المصدر وتنتشر- في الهواء المحيط حتى تصل إلى الأذن)[4].

ويقول أحمد شوقي عن انتقال الصوت : الموجات الصوتية عبارة عن موجات ميكانيكية طولية تنتقل في الأجسام الصلبة والسوائل والغازات وتتذبذب فيها الجسيمات في اتجاه حركة الموجة، وحيث أن الموجات الميكانيكية الطولية لها مدى كبير في التردد فإن الموجات الصوتية يكون ترددها بحيث يمكن سماعها وتمييزها، ويتراوح هذا المدى بين20 ، 20.000 هرتز، وهو المدى المسموع)[5].

1- الأصوات اللغوية، ص46.
2- اللغة العربية، معناها ومبناها، د.تمام حسان،ط2 1979م الهيئة المصرية العامة للكتاب، القاهرة،. ص66.
3- الشفاء ، النفس ، ص71.
4- الصوت، د. أحمد شوقي عمار، ط1 1985، دار الراتب الجامعية- بيروت، لبنان، ، ص45.
5- الصوت، ص45.

وقد أكد ابن سينا أن الصوت لا ينتشر في الخلاء، وهو يحتاج دوماً إلى وسط مادي مرن سماه ابن سينا رطوبة[1] : غازي أو سائل أو جامد.

ففي سبب حدوث الحروف يقول : (أما نفس التموج فإنه يفعل الصوت. وأما حال التموج في نفسه من جهة اتصال أجزائه وتماسها أو بسطها ونحتها فيفعل الحدة والثقل : أما الحدة فيفعله الأولان، وأما الثقل فيفعله الثانيان. وأما حال التموج من جهة الهيئات التي تستفيد من المخارج والمحابس في مسلكه فتفعله الحروف)[2].

ويقول أيضاً : (والحروف هيئة للصوت عارضة له يتميز بها عن صوت مثله في الحدة والثقل تميّزاً في المسموع)[3].

ويقول أيضاً : (والحروف بعضها في الحقيقة مفردة وحدوثها عن حبسات تامة للصوت -أو للهواء الفاعل للصوت- تتبعها اطلاقات دفعة. وبعضها مركبة وحدوثها عن حبسات غير تامة لكن تتبعها إطلاقات. والحروف المفردة هي: الباء، والتاء، والجيم، والدال ، والضاد، والطاء والقاف، والكاف، واللام، والميم والنون، ثم سائر ذلك مركب يحدث عن حبسات وإطلاقات. وهذه المفردة تشترك في أن وجودها وحدوثها في الآن الفاصل بين الحبس وزمان الإطلاق، وذلك أن زمان الحبس التام لا يمكن أن يحس فيه بصوت حادث عن الهواء مستكنّ بالحبس، وزمان الإطلاق لا يحس فيه بشيء من هذه الحروف لأنها لا تمتد البتة إنما هي مع إزالة الحبس فقط، وأما الحروف الأخرى فإنها تمتد زماناً ما وتفنى مع زمان الإطلاق التام، وإنما تمتد في الزمان الذي لا يجتمع فيه الحبس مع الإطلاق، وبعد اشتراك كل واحدة من الصنفين في العلة العامة قد تختلف بسبب اختلاف الأجرام التي يقع عندها وبها الحبس والإطلاق فربما كانت ألين، وربما كانت أصلب، وربما كانت أيبس، وربما كانت أرطب، وربما كان

1- رسالة أسباب حدوث الحروف، الفصل الثاني، ص105-107.
2- رسالة أسباب حدوث الحروف، الفصل الثاني، ص105-107.
3- رسالة أسباب حدوث الحروف، الفصل الثاني، ص105-107.

الحبس في نفس رطوبة تتفقع ثم تتفقؤ إما مع انفصال وامتداد وإما في مكانها، وقد يكون الحابس أعظم وأصغر والمحبوس أيضاً أكثر وأقل والمخرج أضيق وأوسع ، ومستدير الشكل ومستعرض الشكل مع دقة، والحبس أشد وألين والضغط بعد الإطلاق أحفز وأملس)[1] تناول ابن سينا في هذا النص العديد من المصطلحات الصوتية والفيزيائية فقد جعل ابن سينا للصوت الإنساني صفات ثلاثة :

1) **الثقيل الحاد:** ويبدو أنه يريد بهذا درجة الصوت، (Pitch) فالثقيل : هو الغليظ كأصوات الرجال، والحاد هو ما يشبه صوت النساء والفرق بينهما في رأي المحدثين سببه نسبة التردد أو عدد الذبذبات في الثانية. فعدد الذبذبات في الثانية مع الصوت الثقيل أقل كثيراً من عددها مع الصوت الحاد.

2) **خفوت الصوت وجهره:** وأغلب الظن أنه يريد هنا ما يسميه المحدثون بسعة الموجة Amplitude التي يترتب عليها أن يكون الصوت عالياً أو منخفضاً.

3) **الصوت الأملس والصلب والمتخلخل:** ولعله يريد بهذا نوع الصوت quality وهو تلك الصفة التي تميز صوتاً من آخر وتتوقف على شكل موجة)[2].

يقول ابن سينا في جوامع علم الموسيقى: (أن الأصوات تتخافت بجهارة وخفاتة، وذلك من اختلافاتها البعيدة عن الفصول، وتتخالف بحدة وثقل، وذلك من اختلافاتها المناسبة للفصول، والتي يختلف حكم التأليف بها)[3].

ويقول أيضاً (وقد علمت أن الحدة سببها القريب : تلزز وقوة وملامسة سطح وتراص أجزاء من موج الهواء الناقل للصوت، وأن الثقل سببه أضداد ذلك، وأن أسباب مسبب الحدة : صلابة المقاوم المقروع، أو ملامسته أو قصره، أو انحرافه، أو ضيقه، ان مخلص هواء أو قربه من المنفح ان كان أيضاً مخلص هواء. أن أسباب الثقل

1- رسالة أسباب حدوث الحروف ، الفصل الثاني، ص105-107.

2- أصوات اللغة عند ابن سينا، ص139-142.

3- الشفاء، جوامع علم الموسيقى، ص10، تحقيق زكريا يوسف، تصدير ومراجعة أحمد فؤاد الأهواني ومحمود أحمد الحقني، المكتبة العربية، وزارة الثقافة – مصر 1975م، ص10.

أضداد ذلك من اللين والخشونة، والطول والرخاوة، والسعة والبعد وأن كل واحد من هذه الأسباب يعرض بالزيادة والنقص، وأن زيادتها تقتضي زيادة المسبب لها، ونقصانها يقتضي نقصان المسبب لها على مناسبة متشاكلة)[1].

يقول ابن سينا (والقانون الذي يمكنك أن تستخرج منه حال هذا التفاوت من الأسباب هو ما يتعلق بالمقدار، وأما الصلابة، والتوتر ، وغير ذلك فمما لا يمكنك أن تراعي التناسب فيه بدياً)[2].

ويقول د. كريم زكي حسام الدين:

يتوقف إدراكنا للصوت على ثلاثة خواص أو عوامل:

1- درجة الصوت (Pitch) وهي الخاصية أو الصفة التي تميز بها الأذن الأصوات من حيث الحدة والغلظة، وتتوقف درجة الصوت بهذا المفهوم على عدد الاهتزازات أو الذبذبات التي يصدرها الجسم المصوت في الثانية، وهو ما يسمى أيضاً بالتردد، فإذا زاد عدد الذبذبات في الثانية كان الصوت غليظاً أو سميكاً، ونلاحظ أن عدد الذبذبات يرتبط بعدة عوامل :

أ- سمك مصدر الصوت، مثل الوتر الذي إذا كان سميكاً قل عدد ذبذباته فينتج صوتاً غليظاً والعكس صحيح.

ب- طول المصدر المصوت، فالوتر الطويل يقل عدد ذبذباته فينتج صوتاً غليظاً والعكس صحيح.

ج- قوة توتر المصدر، فالوتر المشدود تزيد عدد ذبذباته وينتج صوتاً أحدُ من الصوت الذي ينتجه الوتر المرخي)[3].

1- جوامع علم الموسيقى،ص20.

2- المصدر نفسه، ص12.

3- الدلالة الصوتية، ص39.

و بناء على ذلك نلاحظ أن حدة الصوت الإنساني أو غلظته يتوقف على هذه العوامل فنجد دقة أو حدة صوت النساء والأطفال لقصر الوترين الصوتين ودقتهما لديهم. وعمق وغلظ صوت الرجل لطول الوترين الصوتين وغلظهما لديهم)[1].

1- الشدة Intensity : وهي الخاصية التي تميز بها الأذن الأصوات من حيث القوة والضعف أو العلو والانخفاض، وتتوقف شدة الصوت بهذا المفهوم على قوة القرع أو الطرق للجسم المصوت.هذا ما ذهب إليه ابن سينا بقوله (ولا تجد أيضاً مع كل قرع صوتاً، فإن قرعت جسماً كالصوف بقرع لين جداً لم تحس صوتاً، بل يجب أن تكون للجسم الذي تقرعه مقاومة ما، وأن يكون للحركة التي للمقروع به إلى المقروع عنف صادم، فهناك يحس، وكذلك أيضاً إذا شققت شيئاً يسيراً يسيراً وكان الشيء لا صلابة له لم يكن للقلع صوت البتة، والقرع بما هو قرعٌ يختلف، والقلع أيضاً بما هو قلع لا يختلف[2] لأن قوة القرع التي تؤدي إلى حركة قوية تحدث اضطراباً قوياً في الهواء تسمعه الأذن بقوة ووضوح وحينئذ نصف الصوت بالعلو، أما ضعف القرع يؤدي ... ونصف الصوت بالانخفاض). إن قوة القرع أو ضعفه -تحدد سعة الاهتزاز التي تساهم في تحديد علو الصوت أو انخفاضه ونعني بها -المدى الذي يصل إليه المصدر المصوت في حالة الاهتزاز ، فالصوت القوي ينتج عن الاهتزاز الواسع والصوت الضعيف ينتج عن الاهتزاز الضعيف.

2- النوع Quality : نلاحظ أن القيمة الصوتية تتمثل في النغمات التوافقية وشكل الفراغات الرنانة بالنسبة للأصوات البشرية التي نميز على أساسها بين أصوات من نعرفهم حتى لو اتحدت في الدرجة والشدة، إن كل صوت يتميز عن الآخر بالنغمات التوافقية التي تختلف من شخص لآخر باختلاف نسيج الوترين الصوتيين واختلاف فراغات الحلق والفم والأنف)[3].

1- الدلالة الصوتية، ص39..

2- الشفاء، الطبيعيات، النفس، ص70.

3- الدلالة الصوتية، ص43.

ونلاحظ من نص ابن سينا أنه أراد فعلاً أن يصف لنا حدة الصوت وثقله وجعل حدة الصوت أو ثقله متوقفاً على طبيعة الجسم المقروع، فهو في حالة اتصال أجزائه وتماسكها أي حين تكون كثافة كبيرة كالأجسام الصلبة من معادن ونحوها يكون الصوت عادة حاداً، على حين أن الصوت مع الجسم الأقل كثافة كالخشب مثلاً يكون ثقيلاً)[1].

أما مصطلح المحابس التي ذكرها ابن سينا فيبدو أنه أراد بها ما أراده القدماء بمصطلحهم المخارج.

وهي تلك المواقع التي يتم لدى كل منها حبس الهواء سواء كان هذا الحبس تاماً أو غير تام. فالمحبس لدى ابن سينا هو موضع معين أو نقطة معينة في طريق الهواء، أما المخرج فهو كل الطريق)[2].

أما مصطلح الصوت المفرد، والصوت المركب، فما أطلق عليه سيبويه بالصوت الشديد وهو ما يسميه المحدثون بالإنفجاري يسميه ابن سينا بالمفرد، وأن ما يسميه سيبوبه بالصوت الرخو ويسميه المحدثون بالإحتكاكي يسميه ابن سينا بالصوت المركب، ولعله لاحظ في تسميته أن الأصوات الشديدة أو المفردة أصوات حاسمة سريعة لا تحتاج إلى جهد عضوي، على حين أن المركبة وهي الرخوة تحتاج في النطق بها إلى زمن أطول وجهد أكبر)[3].

من هذا النص يتضح أن ابن سينا نظر إلى الصوت طبقاً لطريقة النطق وصنف الأصوات إلى أصوات مجهورة في حالة الذبذبة، ومهموسة في حالة عدم حدوث هذه الذبذبة. معنى ذلك أن عملية إنتاج الصوت اللغوي تعتمد على ركائز عدة تتمثل في عدة عناصر، منها تيار التنفس الناتج عن عملية الشهيق، واعتراض تيار الهواء بواسطة المخارج في جهاز النطق، يضاف إلى ذلك الرنين الذي يحدث أو الذي يصحب بعض

1- أصوات اللغة عند ابن سينا، ص178.

2- أصوات اللغة عند ابن سينا، ص178.

3- المصدر نفسه، ص178.

الأصوات وينتج عنه تلوين الصوت وتضخيمه، ويسيطر على هذه العوامل وغيرها وينسق بينها المخ البشري بواسطة إشارات وتعليمات يرسلها عن طريق الجهاز العصبي إلى أعضاء النطق أو جهاز السمع.

ويشير د. كريم زكي حسام الدين بقوله : (تمثل فراغات الحنجرة والفم والأنف غرف رنين تشبه صناديق الرنين في الآلات الموسيقية التي تقوم بإضفاء عنصر - الرنين والتقوية للصوت الإنساني وهذه القيمة الصوتية تجعلنا نميز أصوات من نعرف من الزملاء والأصدقاء)[1].

وقد عرف ابن جنى (ت 392هـ) المخرج الذي سماه ابن سينا محبساً بقوله (:ومعنى هذا أن المخرج هو الموضع الذي يحدث فيه العارض الذي يمنع الصوت من الامتداد والاستطالة ومن ثم فإن الحيز هو المكان الذي يمتد ويستطيل فيه الصوت)[2].

ونستطيع أن نجزم أن ابن سينا قد أدرك كثيراً من الظواهر الصوتية الأكوستيكية التي عالجها علماء اللغة المحدثين، كالتموج والذبذبات ، والوسط المادي الذي ينتقل من خلاله الصوت، والقرع والقلع، والحدة والثقل في الصوت، التي تنتج عن سعة الاهتزازات وطولها، وهذا مما يتفق وما جاء به علم الأصوات الحديث، إذ أن كل صوت مسموع يستلزم وجود جسم يهتز، كما أن الاهتزازات مصدر الصوت تنتقل في وسط غازي أو سائل أو صلب حتى تصل إلى الأذن الإنسانية)[3].

1- سر صناعة الأعراب، ج1، ص6.

2- الدلالة الصوتية، ص35.

3- المصطلح الصوتي عند علماء العربية، ص79.

الفصل الثاني
الباب الثاني

علم الأصوات السمعي

تمهيد:

علم الأصوات السمعي : هو العلم الذي يعني بدراسة ميكانيكية الجهاز السمعي، والطرق التي تؤثر في سلوكيته وتأثره بالأصوات التي تشكل مادته الرئيسية، من حيث تموجها، واستقبالها، وتحويلها إلى برقيات ، عبر سلسلة الأعصاب إلى الدماغ، ونظراً لأهمية الدور الذي يقوم به السامع من المستقبل وكذلك المرسل، فقد أولى العلماء في القديم والحديث أهمية بالغة في دراسة جهاز السمع والعملية السمعية.

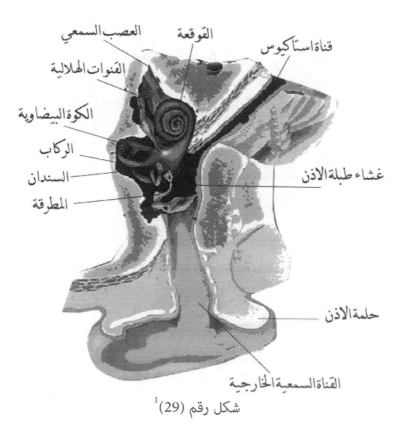

شكل رقم (29)[1]

1- ينظر الأصوات اللغوية ، ص75.

لقد أشار ابن سينا إلى بعض أجزاء جهاز السمع كطبلة الأذن والصماخ والعصب السمعي، وأشار كذلك إلى بعض المصطلحات الصوتية كالأمواج الصوتية والذبذبات الصوتية والترددية والنغمة والصوت الحاد والثقيل.

و أشار ابن سينا كذلك إلى دور تموج الهواء في حدوث الصوت حيث يقول : (ولكنه يلزم في كلا الأمرين – أي القرع والقلع- شيء واحد، وهو تموج سريع عنيف في الهواء)[1].

يشير ابن سينا بهذا القول إلى دور الأمواج والذبذبات الصوتية التي تحدث نتيجة القرع أو القلع ، والتي تنتقل إلى أذن السامع بواسطة الهواء.

وبين كيفية إدراك السامع للصوت، حيث يقول : (ثم ذلك الموج يتأدى إلى الهواء الراكد في الصماخ ، فيموجه فتحس به العصبة المفروشة في سطحه)[2].

يقول ابن سينافي الشفاء : (والصوت يحدث عن قرع أو قلع ، .... ، فيظن أن الصوت نفس تموج الهواء، فإذا انتهى من الهواء أو الماء إلى الصماخ، وهناك تجويف فيه هواء راكد، يتموج ما انتهى إليه، وراءه كالجدار مفروش عليه العصب الحاس للصوت، أحسّ بالصوت)[3].

وقد تحدث ابن سينا عن حدة الصوت وثقله فيعودان عنده إلى قوة اتصال الهواء المندفع، وسرعة تردده، فإن كان الهواء شديد الاتصال، سريع التردد، كان الصوت حاداً وإن كان الهواء أقل اتصالاً وأقل تردداً كان الصوت ثقيلاً. إذ إنَّ الهواء كلما كان سريع الحركة ومندفعاً بشدّة فإنه يصل إلى السمع مجتمعاً، وبذلك يكون الصوت أكثر حدّة، كذلك إذا كان الجسم المقروع أكثر صلابة وملامسة، بسبب أنَّ الهواء قد نبا عن جسم بهذا الحال . يكون قويُّ الاتصال، وسريع التردد، كما أنه يعيد ذلك إلى قوة

1- رسالة أسباب حدوث الحروف، ص103-104 .

2- نفس المصدر، ص103-104 .

3- الشفاء ، النفس 6، ص73.

الدفع فكلما كان الهواء المدفوع أكثر ، كانت قوة الدفع التي تدفعه أضعف ، كان الهواء أبطأ حركة ، وتقل قوة الاتصال وسرعة التردد فيكون الصوت أثقل ، وإذا كان الهواء قليلاً والقوة الدافعة أقوى ، كانت حركة الهواء أسرع ، وبذلك تزداد قوة اتصاله وسرعة تردده ، فيكون الصوت أحد.

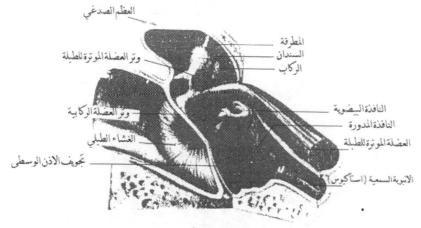

المظم الصدغي
المطرقة
السندان
وتر العضلة الموترة للطبلة
الركاب
النافذة البيضوية
النافذة المدورة
وتر العضلة الركابية
العضلة الموترة للطبلة
الغشاء الطبلي
تجويف الأذن الوسطى
الأنبوبة السمعية (إستاكيوس)

الأذن الوسطى

شكل رقم (30)[1]

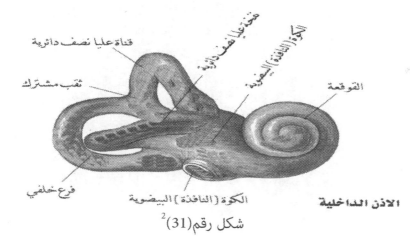

قناة عليا نصف دائرية
القناة الخلفية نصف دائرية
القناة الجانبية نصف دائرية
ثقب مشترك
القوقعة
فرع خلفي
الكوة (النافذة) البيضوية

الأذن الداخلية

شكل رقم (31)[2]

1- ينظر الأصوات اللغوية، ص78.
2- ينظر الأصوات اللغوية ، ص78.

وقد أدرك ابن سينا حقيقة السمع ، وأن شأنه شأن بقية الحواس، وحيث أن جهاز السمع محكوم بحد أدنى وحد أعلى من القوى والترددات. فالأذن لها حد أدنى من الترددات لا تستطيع معها إدراك الأصوات، ولها حد أعلى من الترددات فهذه الترددات سواء أدركها الإنسان أم لم يدركها فهي موجودة. وهذا ما أدركه وأكد عليه ابن سينا في الشفاء بقوله : (... ولا تجد أيضاً مع كل قرع صوتاً ، فإن قرعت جسماً كالصوف بقرع لين جداً لم تحس صوتاً، بل يجب أن تكون للجسم الذي تقرعه مقاومة ما، وأن يكون للحركة التي للمقروع به إلى المقروع عنف صادم. فهناك يحس وكذلك إذا شققت شيئاً يسيراً وكان الشيء لا صلابة له لم يكن للقلع صوت البتة، والقرع بما هو قرع لا يختلف ، والقلع أيضاً بما هو قلع لا يختلف ، لأن أحدهما امساس والآخر تفريق، لكن الامساس يخالف الامساس بالقوة والسرعة، والتفريق أيضاً يخالف التفريق بمثل ذلك)[1].

وقد أدرك ابن سينا كيف تلتقط الأذن الموجات الصوتية وتحولها عبر الأعصاب إلى كلام وذلك بقوله : (.. ثم ذلك يتأدى إلى الهواء الراكد في الصماخ فيموجه فتحس به العصبة المفروشة في سطحه)[2].

وفي هذا السياق يقول د. عبد الرحمن أيوب : (تمثل الأذن جهاز الاستقبال الصوتي ، وأداة السمع تلتقط الإشارات الصوتية ، وتحولها إلى حركة تسير غور الأعصاب في طريقها إلى الجهاز العصبي المركزي)[3]

أما د. سعد مصلوح فيقول : (أما بالنسبة للإنسان فإن السمع بالنسبة له يمثل حلقة من حلقات الاتصال اللغوي بينه وبين جنسه ، والوظيفة الأساسية للجهاز السمعي استقبال الاهتزازات الاكوستيكية وتحويلها إلى إشارات تنتقل عبر عصب

1- الشفاء، النفس، ص70.

2- رسالة أسباب حدوث الحروف، الفصل الأول، ص103-104.

3- أصوات اللغة، د. عبد الرحمن أيوب ط1 1994، مكتبة الشباب ، المنيرة- مصر ، ص87.

السمع إلى المخ وتشكل هذه الإشارات ذات الطبيعة المعقدة عالم الصوت الذي ندركه)[1].

ويقول د. كريم زكي حسام الدين : (إن عملية السمع ترتبط بجانبين الأول : يتمثل في استقبال الصوت ، والثاني يتمثل في إدراك الصوت)[2].

ويشير د. كريم إلى أن أذن الإنسان تتكون من عدة أجهزة دقيقة تعمل على التقاط الموجات الصوتية وتجميعها من خلال جهاز السمع ، كما تعمل على تكبيرها من خلال جهاز التكبير، وحفظ توازن الإنسان من خلال جهاز التوازن الهوائي ، وغير ذلك من الأجهزة التي تشتمل عليها الأذن على الرغم من صغر حجمها)[3].

وقد وصف ابن سينا الأذن في كتاب القانون مشرحاً لها ومبيناً أجزائها، حيث يقول ا في أحوال الأذن : (اعلم أن الأذن عضو خلق للسمع وجعل له صدف مقوجٌ ليحبس جميع الصوت، ويوجب طنينه، وثقب يأخذ في العظم الحجري ملولب معوجّ، ليكون تعويجه مطولاً لمسافة الهواء إلى داخل مع قصر- تحته، الذي لو جعل الثقب نافذاً فيه نفوذاً مستقيماً لقصرت المسافة، وإنّما دبِّر لتطويل المسافة إليه لئلا يغافص[4] باطنه الحرّ والبرد المفرطان، بل يردان عليه متدرجين إليه، وثقب الأذن يؤدي إلى جوبة في هواء راكد، وسطحها الأنسي[5] مفروش بليف العصب السابع الوارد من الزوج الخامس م أزواج العصب الدماغي، وصلب فضل تصليب لئلا يكون ضعيفاً منفعلاً عن قرع الهواء، وكيفيته، فإذا تأدّى الموج الصوتي إلى ما كان هناك، أدركه السمع. وهذه العصبة في أحوال السمع كالجليدية في أحوال الإبصار. وسائر أعضاء الأذن كسائر ما يطيف بالجليدية من الطبقات، والرطوبات التي خلقت لأجل الجليدية، ولتخدمها، أو تقيها ، أو تعينها. والصماخ كالثقبة العنبية ، وخلقت الأذن الغضروفية،

1- دراسة السمع والكلام، ص282-283.

2- الدلالة الصوتية، ص52.

3- نفس المصدر، ص47.

4- يأخذه على غرة فيصيبه بمساءة.

5- الأنسي : الجانب من كل عضو الذي يلي عمود البدن.

فإنها لو خلقت لحمية أو غشائية، لم تحفظ شكل التقعير والتعرج الـذي فيهـا، ولـو خلقت عظيمة لتأذت ولآذت في كل صدمة، بل جعلت غضروفية لها مع حفظ الشـكل لـين انعطاف، وخلقت الأذن في الجانبين، لأن المقدّم كان أوفق للبصر كما علمت، فأشغل بالعين، وخلقت تحت قصاص الشعر في الإنسان لئلا تكون تحت ستر الشعر اللباس. وهـذا العضـو يعرض له أصناف الأمراض، وربما كانت أوجاعها قاتلة، وكثيراً ما يعرض من أمراضها حميّات صعبة)[1].

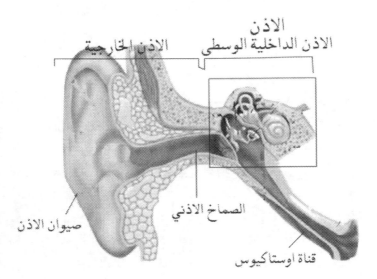

الاذن
الاذن الداخلية الوسطى الاذن الخارجية

الصماخ الاذني

صيوان الاذن

قناة اوستاكيوس

شكل رقم (32)[2]

1- القانون في الطب، ج2، ص1015.
2- ينظر شبكة الإنترنت، (بتصرف)
http : # www.med.jhu-edu/voic/larynx.html The larynx and voice : Basic
Anatomy and Physiology.

وأما المحدثون فقسموا الأذن إلى ثلاثة أقسام رئيسية وهي:

الأذن الخارجية:

وتتكون من جزئين:

1) الصوان: وهي عبارة عن طية غضروفية محدبة يكسوها الجلد أعلى الأذن ، تشبه البوق، وتقوم بوظيفة استقبال، وتجميع الموجات الصوتية وتوجيهها نحو القناة السمعية، كما نجد أسفل الأذن جزءاً ليناً يسمى شحمة أو حلمة الأذن.

2) الصماخ: أو القناة السمعية، وهي عبارة عن مجرى متعرج يشبه حرف S في الإنجليزية وتقوم بوظيفة غرفة رنين لتضخيم الصوت إلى جانب حمل الموجات الصوتية وتوصيلها للأذن الوسطى.

الأذن الوسطى:

عبارة عن تجويف غير منتظم الشكل يتكون من ثلاثة أجزاء :

1)   **طبلة الأذن:** عبارة عن غشاء رقيق شفاف يفصل بين الأذن الخارجية والأذن الوسطى لها عدة وظائف منها غشاء الطبلة يهتز بضغط الهواء الداخل على شكل موجات صوتية للأذن، ويقوم بتكبير الصوت بنسبة تصل إلى أكثر من عشرين مرة بمضاعفة عدد الذبذبات.

2)   **عظيمات السمع:** وهي ثلاثة عظيمات هي : عظيمة المطرقة، وعظيمة السندان ، وعظيمة الركاب، وتقوم هذه العظيمات بمهمة نقل الذبذبات الصوتية التي تستقبلها غشاء الطبلة ومضاعفة شدة هذه الاهتزازات.

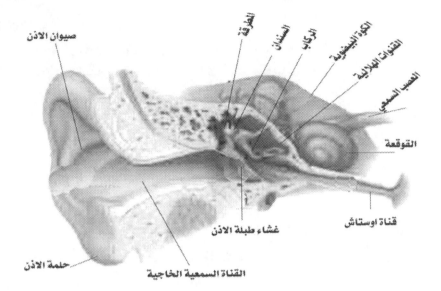

صيوان الاذن
السندان
الركاب
القنوات الهلالية
العصب السمعي
القوقعة
قناة اوستاش
غشاء طبلة الاذن
حلمة الاذن
القناة السمعية الخاجية

شكل رقم (33)[1]

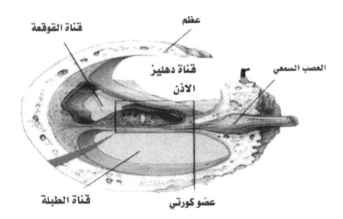

قناة القوقعة
عظم
قناة دهليز
الاذن
العصب السمعي
قناة الطبلة
عضو كورتي

شكل رقم (34)[2]

1ينظر التشريح الوظيفي، ص158.
2- ينظر Human Anatomy P. 1630. (بتصرف)

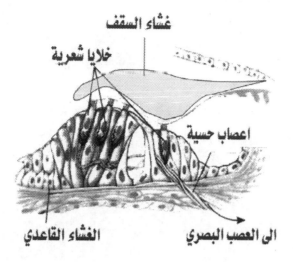

غشاء السقف
خلايا شعرية
اعصاب حسية
الغشاء القاعدي
الى العصب البصري

شكل رقم (35)[1]

1- نفس المصدر ص1630.(بتصرف)

قناة استاكيوس: عبارة عن قناة رفيعة على شكل عـود الكبريت يبطنها غشاء مخملي وردي اللون، تقـوم بوظيفـة توصيل الهـواء للأذن الوسطى وتحقيق التوازن لضغط الهواء على جانبي غشاء الطبلة.

الأذن الداخلية:

هـي أكبر قلـيلاً مـن الأذن الوسطى ، وتقـوم بـوظيفتين الأولى تحويـل الاهتـزازات الميكانيكية لعظيمات السمع الثلاث إلى نشاط عصبي يصل إلى المخ عـن طريق العصـب السمعي بواسطة القوقعة . والثانية : حفظ الجسم بواسطة القنوات شبه الهلالية.

1- **القوقعة (الحلزون العظمي):** تمتلئ القوقعـة بسائل مائي لـزج يتحرك بضغط الركاب في أمواج تشبه الأمواج التي تنتج عـن إلقاء حجر في جدول ساكن . وبتحرك هذه الموجات تتحرك بعض الخلايا السمعية أو أعصـاب السـمع التي يحتويها الغشاء والتي تسمع هذا الصوت أو ذاك.

2- **العصب السمعي:** هو الـذي يصـل بـين الأذن الداخليـة والجهـاز العصبي المركزي في المخ .

3- **القنوات الهلالية:** وهي عبارة عن ثلاثة قنوات نصـف دائريـة تتفرع مـن النافذة البيضاوية التي تمثل بوابة الأذن الداخلية، وتمتلئ هـذه القنوات بسائل مـائي يؤثر في أحداث عملية التوازن للجسم بطريقة الميزان المائي.

شكل (36)[1]

1- ينظر Human Anatomy P. 1632، (بتصرف)

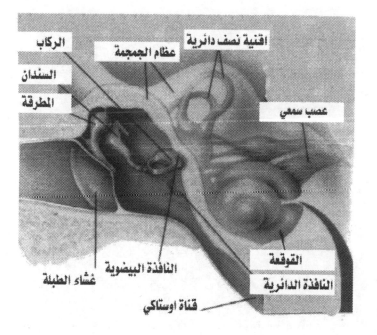

الركاب
عظام الجمجمة
اقنية نصف دائرية
السندان
المطرقة
عصب سمعي
القوقعة
النافذة البيضوية
غشاء الطبلة
النافذة الدائرية
قناة اوستاكي

شكل رقم (37)[1]

ونستنتج مما سبق عرضه أنَّ ابن سينا قد أدرك كثيراً من الظواهر الصوتية الاكوستيكية التي عالجها علماء اللغة المحدثون، كالتموج، والذبذبات والوسط المادي الذي ينتقل من خلال الصوت، والقرع والقلع ، والحدة والثقل في الصوت، التي تنتج عن سعة الاهتزازات وطولها، وهذا مما يتفق وما جاء به علم الأصوات الحديث ، وبالرغم من الوسائل البسيطة التي اعتمدوا عليها آنذاك في دراستهم الصوتية، إذ قامت دراستهم على الملاحظة والمشاهدة .

1- ينظر شبكة الإنترنت، htp : # www.upmc.edu/upmcvoice/anatomy.html Anatomy of larynx.

الصدى

صدى الصوت هو ظاهرة مألوفة معروفة، يـدركها النـاس عنـد مـا يصـيح أحـدهم في الخلاء على بعد معين من عائق مثل تل أو جبل أو بناء مرتفع، فإنه يسـمع تكـرار صـوته، ويسمى هذا الصوت المنعكس بالصدى.

وقد درس علماء الطبيعة صدى الصـوت دراسـة دقيقـة فتوصـلوا إلى حقـائق جديـدة وتطبيقات في الحياة متعددة.

والصوت موجات، وموجات الصوت تنعكس فتحـدث صـدى الصـوت، ولا بـد لحـدث صدى الصوت من شروط أهمها وجود حائل أو سطح عاكس، ولا بد أنْ يكون الحائل عـلى بعد من مصدر الصوت لا يقل عن 17م. ويظهر من هذين الشرطين أنه إذا لم يوجـد حائـل فلا صدى للصوت، والعكس صحيح[1].

ويستخدم صدى الصوت في تقدير المسافات والأبعاد والأعماق.

وتقدير الأبعاد مبني على أن سرعة الصوت معروفة، وسرعة الصـوت في الهـواء تبلـغ نحو 340م/ثانية. فإذا ما أحدث إنسان صوتاً ثم سمع صداه بعد ثانية مثلاً فإنه يحكم عـلى أن العائق لا بد أن يقع على مسافة 170 متراً، وذلك لأن الصوت يقطع المسـافة بينـه وبـين العائق مرتين، مرة في الذهاب وأخرى في الإياب. فالـذهاب وحـده يقطعـه في نصـف ثانيـة فقط أي 170 متراً.

ولاستخدام صدى الصوت في تقدير المسافات بدقـة يجب أن تتـوفر بعـض الشـروط، منها أنّه يجب استخدام صوت قصير الأمد، أي أن حدوثـه لا يسـتغرق إلا زمنـاً قصـيراً جـداً كتصفيقة قصيرة سريعة باليد، أو طلقة بندقية أو مدفع، وتستخدم هـذه الطريقـة كثـيراً في السفن الضالة وسط الضباب الكثيف

لكي تتجنب الاصطدام بالصخور أو جبال الجليد، فتطلق صفارتها عـلى فـترات وتنتظـر سماع الصدى.

---

1 الموج الساحر ، محمد عاطف البرقوقي ، ط1 1947 ، دار المعارف للطباعة والنشر ، ص92 .

وبتكرار ذلك يتبين الربان مدى اقتراب سفينته من هذه المواطن الخطرة.

تستخدم ظاهرة صدى الصوت أيضاً في معرفة أعماق البحار، فتقف السفينة وسط البحر في المكان المراد معرفة العمق عنده. ويستخدم جهاز مخصوص لإرسال موجات الصوت واستقبال صداها، ويحبس الزمن بين لحظة إحداث الصوت ولحظة سمع الصدى، وفي الجهاز آلة مخصوصة لتقدير الزمن بدقة تامة، ويلاحظ أن سرعة الصوت في الماء غيرها في الهواء، فسرعتها في الماء 1440متراً في الثانية، أي 4900 قدم في الثانية[1].

الصدى عند ابن سينا : يقول ابن سينا : (أما الصدى فإنه يحدث من تموج يوجبه هـذا التموج، فإن هذا التموج إذا قاومه شيء مـن الأشياء كجبل أو جـدار حتـى وقفـه، لـزم أن ينضغط أيضاً بين هذا التموج المتوجه إلى قرع الحائط أو الجبل، وبين ما يقرعه هـواء آخـر يرد ذلك ويصرفه إلى خلف بانضغاطه فيكون شكله الشكل الأول وعـلى هيئتـه ، كـما يلـزم الكرة المرمى بها الحائط أن تضطر الهواء إلى التموج فيما بينهما وأن ترجع القهقرى)[2].

ويتساءل ابن سينا : (هل الصدى هو صوت يحدث بتموج الهواء الذي هو التموج الثاني، أو هو لازم لتموج الهواء الأول المنعطف النابي نبوا فيشبه أن يكون هو تموج القرع الكائن من هذا الهواء يولد صوتاً من تموج هواء ثان يعتد به، فإن قرع مثل هـذا الهـواء قـرع ليس بالشديد ، ولو كان شديداً بحيث يحدث صوتاً لأضر بالسمع، ويشبه أن يكون لكل صوت صدى ولكن لا يسمع، كما أن لكل ضوء عكساً، ويشبه أن يكون السبب في ان لا يسمع الصدى في البيوت والمنازل في أكثر الأمر أن المسافة إذا كانت قريبة بين المصوت وبين عاكس الصوت لم يسمعا في زمانين متباينين، بل يسمعان معاً كما يسمع صوت القرع الـذي معـه وإن كان بعده بالحقيقة. وأمـا إذا كان العـاكس بعيداً فرّق الزمـان بـين الصوتين تفريقـاً محسوساً، وإن كان صلباً أملساً فهو لتواتر الإنعكاس منه بسبب قوة النبو يبقى زماناً كثيراً كما في الحمامات.

1- الموج الساحر ، ص92-97.
2- الشفاء ، الطبيعيات، النفس، ص75.

ويشبه أن يكون هذا هو السبب في أن يكون صوت المغني في الصحراء أضعف وصوت المغني تحت السقوف أقوى لتضاعفه بالصدى المحسوس معه في زمان كالواحد، ويجب أن يعلم أن التموج ليس هو حركة انتقال من هواء واحد بعينه، بل كالحال في تموج الماء يحدث بالتداول بصدم بعد صدم مع سكون قبل سكون، وهذا التموج الفاعل للصوت سريع لكنه ليس يقوى الصك)[1].

ونستطيع أن نقول أن ابن سينا أدرك بعمق ظاهرة صدى الصوت والتي حدد شروطها من المسافة اللازمة لحدوث الصدى ووجود الحائل، وكذلك الزمن الفارق بين الصوت والصدى وهو عين ما توصل إليه العلماء حديثاً.

1- الشفاء ، الطبيعيات ، النفس ، ص75-76.

الفصل الثالث

مخارج الحروف وصفاتها
عند ابن سينا

قال تعالى : (وَرَتِّلِ الْقُرْآنَ تَرْتِيلًا) [المزمل: ٤]

قال تعالى : (الَّذِينَ آتَيْنَاهُمُ الْكِتَابَ يَتْلُونَهُ حَقَّ تِلَاوَتِهِ أُولَئِكَ يُؤْمِنُونَ بِهِ وَمَنْ يَكْفُرْ بِهِ فَأُولَئِكَ هُمُ الْخَاسِرُونَ) [البقرة:١٢١]

صدق الله العظيم

لقد استخدم علماء العربية القدماء عدّة مصطلحات للدلالة على مخارج الحروف، فقد سماها الخليل بن أحمد مَدْرجاً، وموضعاً[1]، وسماها سيبويه[2] مخارج الحروف، وسماها ابن جني المقاطع[3]، وسماها ابن دريد مجاري الحروف[4]، بينما سماها ابن سينا المحابس[5].

تعريف المخرج:

اختلفت آراء العلماء في تعريف المخرج فهو موضع النطق عند القدماء، وهو مخرج الحرف ، أو المدرج أو الحيز، ومجموعهُ مدارج وأحياز، أو المحابس.

وفيما يلي تفصيلها :

فعرفه أبو الإصبع السُّماني ابن الطحان (ت 560هـ): وهو محل الخروج، وموضع ظهور الصوت، وتمييزه من غيره من الأصوات، إذ المخرج نقطة يحدث فيها حبس الهواء، أو تضيق مخرجه، بحيث يحدث الصوت الذي تسمعه، وهذه المخارج موزعة على المدرج الصوتي الذي يمتد من الحنجرة إلى الشفتين)[6].

وقد أورد ابن الجزري (ت 833هـ) في ثنايا تعريفه للتجويد بقوله: (هو إعطاء الحروف حقوقها، وترتيبها ومراتبها، وردّ الحرف إلى مخرجه وأصله، وإلحاقه بنظيره

1- كتاب العين، أبو عبد الرحمن الخليل بن أحمد الفراهيدي (100-175هـ)، تحقيق د. مهدي المخزومي ود.إبراهيم السامرائي، دار ومكتبة الهلال، بدون طبعة 1993م، ج1، ص58.

2- الكتاب، أبو بشر عمرو بن بحر بن عثمان بن قمبر المشهور بسيبويه،علق عليه د. إميل بديع يعقوب ،ط1 1999م، دار الكتب العلمية، بيروت-لبنان، ج4، ص434.

3- سر صناعة الإعراب، ج1، ص6.

4- جمهرة اللغة، أبو بكر محمد بن الحسن الأسدي المعروف بابن دريد (223-321هـ)، بدون طبعة 1990م، مكتبة الثقافة، القاهرة-مصر، ج1، ص8.

5- رسالة أسباب حدوث الحروف، الفصل الثاني، ص105.

6- مخارج الحروف وصفاتها، للإمام السُّماني الإشبيلي (ت560هـ) المعروف بابن الطحان، تحقيق د. محمد يعقوب تركستاني، ، ط1 1984م ، تنفيذ مركز الصف الإلكتروني-الرياض- السعودية، ص22.

وإشباع لفظه، وتلطيف النطق به على حال صيغته وهيئته، من غير إسراف ولا تعسف، ولا إفراط ولا تكلف)[1].

عدد المخارج :

ذكر ابن الجزري اختلاف العلماء في عددها بقوله: (أمّا مخارج الحروف فقد اختلفوا في عددها فالصحيح المختار عندنا ومن تقدمنا من المحققين كالخليل بن أحمد، ومكي بن أبي طالب، وأبي القاسم الهذلي، وأبي الحسن شريح وغيرهم سبعة عشر مخرجاً، وهذا الرأي يظهر من حيث الإختيار وهو الذي أثبته أبو علي بن سينا في مؤلف أفرده في مخارج الحروف)[2].

وقد نظم ابن الجزري في الطيبة تأكيداً لما جاء به ابن سينا أن عدد مخارج الحروف سبعة عشر بقوله:

مخارج الحروف سبعة عَشَرْ   على الذي يختارُهُ مَن اختبر[3]

وذهب بعض العلماء[4] إلى أنها أربعة عشر مخرجاً، وبعضهم إلى أنها ستة عشر مخرجاً، وبعضهم إلى أنها أحد عشر موضعاً، وذهب جمهور العلماء إلى أنها سبعة عشر مخرجاً.

1- التمهيد في علم التجويد، للإمام محمد بن محمد الجزري، تحقيق د. علي حسين البواب، مكتبة المعارف، الرياض
السعودية، الطبعة الأولى 1985م، ص47.

2- النشر في القراءات العشر، الحافظ محمد بن محمد الجزري، تصحيح ومراجعة علي محمد الطباع، دار الفكر،
بدون طبعة، ص198-199.

3- شرح طيبة النشر في القراءات العشر، ابن الجزري، ضبطه وعلق عليه أنس مهرة، ط1 1418هـ-1997م، دار الكتب العلمية، بيروت- لبنان، ص27.

4- قطرب، الجرمي، الفراء، ابن دريد، ابن كيسان.

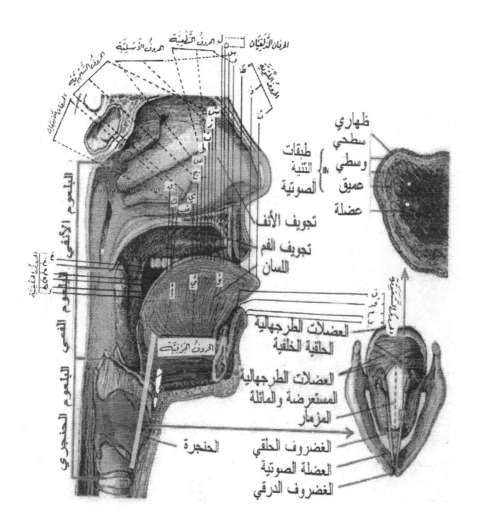

ظهاري
سطحي
وسطي
عميق
عضلة
طبقات
الثنية
الصوتية
تجويف الأنف
تجويف الفم
اللسان
العضلات الطرجهالية
الحلقية الخلفية
العضلات الطرجهالية
المستعرضة والمائلة
المزمار
الحنجرة
الغضروف الحلقي
العضلة الصوتية
الغضروف الدرقي

شكل رقم (38)[1]

1- ينظر شبكة الإنترنت (بتصرف).

أهمية إتقان المخرج

اهتم المسلمون بهذا الأمر أيما اهتمام كيف لا و اللـه تعالى يقول : (الـذين ءاتيـنهم الكتب يتلونه حَقَّ تلاوته أُولئك يؤمنون به ومن يكفر به فاؤلئك هُمُ الخاسرون)[1].

وقوله : (ورتل القرآن ترتيلاً)[2].

وذهب ابن الجزري إلى القول : (أول ما يجب على مريد إتقان قراءة القرآن تصحيح إخراج كل حرف من مخرجه المختص به تصحيحاً يمتاز عن مقارنه، وتوفية كل حرف صفته المعروفة به توفية تخرجه عن مجانسه، يعمل لسانه وفمه بالرياضة في ذلك إعمالاً يصير ذلك له طبعاً وسليقة، فكل حرف شارك غيره في مخرج فإنه لا يمتاز عنه إلا بالصفة كالهمزة والهاء اشتركاً مخرجاً وانفتاحاً واستفالاً وانفردت الهمزة بالجهر والشدة)[3].

ولعل من لا يستطيع التمييز بين مخارج الحروف بدقة لا يستطيع تمييز تأثر الأصوات ببعضها، وانسياحها عن مواضعها، وتغير بعض صفاتها، وفي معرفة ذلك ودراسته بعمق خير مرشد إلى خصائص الأصوات العربية.

ولعلي لا أبالغ إذا قلت أن هذا الدافع العقدي الإيماني هو الذي دفع العلماء إلى التركيز على مخارج الحروف والتشدد في قضية قراءة القرآن قراءة صحيحة، حيث ذهب بعضهم إلى تأثيم من لم يرتل القرآن مثل ابن الجزري وغيره. والمقصود بالترتيل : (هو تجويد الحروف ومعرفة الوقوف)[4] وتجويد الحروف كما ذكره ابن الجزري في أول الصفحة أعلاه.

1- سورة البقرة، الآية 121.

2- سورة المزمل ، الآية 4.

3- النشر في القراءات العشر، ج1، ص214.

4- النشر في القراءات العشر، ج1، ص214.

والغاية المباشرة من ضبط قواعد الإلقاء الصوتي، هـي التحـري في الوصـول إلى النطق بكلمات القرآن على وجهٍ يكون مطابقاً لنطق السلف في تَلقِّيتهم لكيفياته المحددة كابراً عن كابر إلى قارئه الأول "محمد عليه السلام".

وذهب د. جلال حنفي إلى القول في هذا المقام : (وهناك غاية أخرى تتحقق بتحري الأداء الصوتي وفق ضوابطه المرسومة، هي إتقان التكلم بالعربية تعبيراً بالصوت المسموع)[1].

ولهذا ليس غريباً كما سنرى في الصفحات القادمة ما فعله ابن سينا مـن دقة وصفه للمخارج وكذلك تحذيره من قضية عدم إتقان المخرج فينتقل الصوت إلى الحرف الـذي في نفس مخرجه مفصلين ذلك حرفاً حرفاً كما فعل ابن سينا.

الترتيب الصوتي عند العلماء :

لقد صنف القدماء الأصوات العربيـة عـلى ضـوء مخارجهـا، وابتـدأ القدماء ترتيبهم الصوتي باتجـاه تصاعدي، أي أنه يبـدأ مـن أقصى الحلـق إلى الشفتين، في حين أن رؤية المحدثين للتوزيع الصوتي رؤية تنازلية، أي أنهم يبتدئون من الشفتين إلى أقصى الحلق وكان من تلك الترتيبات الصوتية:

1) **الترتيب الصوتي عند الخليل بن أحمد الفراهيدي[2] - كما ورد في معجم العين:**
1- خمسة حروف حلقية-لأن إنتاجها من الحلق وهي: ع/ح/هـ/خ/غ.
2- حرفان لهويان - لأن إنتاجهما من اللهاة، وهي ق /ك.
3- ثلاثة أحرف شجرية - لأن إنتاجها من شجرة الفم، أي مَفْرِجُه، وهي ج / ش / ض.
4- ثلاثة أحرف أسلية -لأن إنتاجها من أسلة اللسان ، وهي مستدق طرفه : ص / س / ز.
5- ثلاثة أحرف نطعية -لأن إنتاجها من نطع الغار الأعلى للسقف

1- قواعد التجويد والإلقاء الصوتي، د. جلال حنفي، الجمهورية العراقية، وزارة الأوقاف، لجنة إحياء التراث الإسلامي، الطبعة الأولى 1987م، ص5.
2- العين، ج1، ص48.

العلوي الصلب للفم : ط / د / ت.

6- ثلاثة أحرف لثوية – لأن إنتاجها من اللثة وهي ظ / ذ / ث.

7- ثلاثة أحرف ذَلقية –لأن إنتاجها من ذلق اللسان ، وهي تحديد طرفي ذلقه : ر / ل / ن.

8- ثلاثة أحرف شفوية –لأن إنتاجها من الشفة وهي : ف / ب / م.

9- أربعة أحرف هوائية – لأن إنتاجها من الهواء حراً طليقاً: و/ا/ي/ همزة.

2) التريب الصوتي عند سيبويه[1] الصوتية:

1- الحلقية : أقصى الحلق : همزة / هـ / ألف

2- الحلقية : وسط الحلق : ع / ح.

3- الحلقية : أدنى الحلق : غ / خ.

4- أقصى اللسان وما فوقه من الحنك الأعلى : ق.

5- أسفل موضع القاف من اللسان وما يليه من الحنك الأعلى : ك.

6- وسط اللسان بينه وبين الحنك الأعلى : ج / ش / ي.

7- من بين أول حافة اللسان وما يليه من الأضراس : ض.

8- من حافة اللسان من أدناها إلى منتهى طرف اللسان، ما بينها وبين ما يليها من الحنك الأعلى، وما فوق الضاحك والناب والرباعية والثنية : ل.

9- من طرف اللسان بينه وبين ما فوق الثنايا : ن.

10- من مخرج النون غير أنه أدخل في ظهر اللسان قليلاً لانحرافه إلى اللام : ر.

11- ما بين طرف اللسان وأصول الثنايا : ط / د / ت.

12- ما بين طرف اللسان وفويق الثنايا : ز / س / ص.

13- ما بين طرف اللسان وأطراف الثنايا : ظ / ذ / ث.

14- من باطن الشفة السفلى وأطراف الثنايا العليا : ف.

1- الكتاب ، ج4، ص572.

15- مما فوق الشفتين : م / و.

16- من الخياشيم : النون الخفيفة.

3) الترتيب الصوتي عند ابن سينا : فهي كما يلي وتفصيلها المخرجي في الصفحات القادمة :

الهمزة / هـ / ع / ح / خ / ق / غ / ك / ج / ش / ض / ص / س / ز / ط / ت / د / ث / ظ / ذ / ل / ر / ف / ب / م / النون الخفيفة / الواو الصامتة / والياء الصامتة / الألف المصوتة[1].

وثمة ترتيب صوتي آخر[2] – محدث نرى فيه التوزيع الصحيح للأصوات العربية وفق هيئتها المخرجية، يقوم على الترتيب التنازلي، ابتداءً من الشفتين نزولاً إلى أقصى الحلق :

1- الشفتان : ب / م / و.

2- الشفة والأسنان : ف.

3- الأسنان وحد اللسان : ذ / ث / ظ.

4- الأسنان واللثة مع حدّ اللسان : س/ ص / د / ض / ت / ط / ز.

5- اللثة : ل / ر / ن.

6- الطبق الصلب : ش / ج / ي.

7- الطبق اللين : ك / غ / خ/ح.

8- اللهاة : ق.

9- الحنجرة : هـ / الهمزة/ع.

تلك هي مخارج الأصوات في عربيتنا، كما دلت عليها تجارب المختبرات الصوتية الحديثة.

1- رسالة أسباب حودث الحروف، الفصل الرابع، ص126.

2- الأصوات اللغوية، ص245.

ترتيب مخارج الحروف لمشاهير العلماء*

ترتيب مخارج الحروف عند الخليل	ترتيب مخارج الحروف عند سيبويه	ترتيب مخارج الحروف عند القالي	ترتيب مخارج الحروف عند ابن جنّي	ترتيب مخارج الحروف عند ابن الطحان	ترتيب مخارج الحروف عند ابن سينا
ع	ء	هـ	ء	ء	ء
ح	هـ	ح	ا	ا	هـ
هـ	ا	ع	هـ	هـ	ع
خ	ع	خ	ع	ع	ح
غ	ح	غ	ح	ح	خ
ق	غ	ق	غ	غ	ق
ك	خ	ك	خ	خ	غ
ج	ق	ض	ق	ق	ك
ش	ك	ج	ك	ك	ج
ض	ج	ش	ج	ج	ش
ص	ش	ل	ش	ش	ض

* ينظر : سر صناعة الإعراب،ج1 ، ص46.

ينظر : رسالة أسباب حدوث الحروف، الفصل الرابع، ص114-126.

ينظر : البارع ينظر البارع في اللغة، لأبي علي إسماعيل ابن القاسم القالي (288-351هـ)، تحقيق هاشم الطعّان، ط1 1975م،

مكتبة النهضة ، بغداد-العراق، ص70.

ينظر : الكتاب :ج2 ، ص405.

ينظر : العين : ج1، ص48.

ينظر مخارج الحروف وصفاتها، ص65.

س	ي	ر	ي	ي	ص
ز	ض	ن	ض	ض	س
ط	ل	ط	ل	ل	ز
د	ن	د	ن	ن	ط
ت	ر	ت	ر	ر	ت
ظ	ط	ص	ط	ط	د
ذ	د	ز	د	د	ث
ث	ت	س	ت	ت	ظ
ر	ز	ظ	ص	ص	ذ
ل	س	ذ	ز	س	ل
ن	ص	ث	س	ز	ر
ف	ظ	ف	ظ	ظ	ف
ب	ذ	ب	ذ	ث	ب
م	ث	م	ث	ذ	م
و	ف	و	ف	ف	ن
ا	ب	ا	ب	م	خفيفة
ي	م	ي	م	و	و
ء	و	ء	و	ب	صامتة
					ألف صوتة

وبالنظر إلى الجدول لمقارنة ترتيب مخارج الحروف نحب هنا أن نقارن بين الترتيب الصوتي عند سيبويه و ابن سينا، حيث يمكننا استنباط بعض النتائج:

1- إن ابـن سـينا يركز عـلى وصـف العمليـة النطقيـة الآليـة مستفيداً مـن معطيات علوم أخرى في حين اكتفى سيبويه بوصف مكان النطق وترتيب الحروف وفق مجموعات من أجل المساعدة في دراسته للإدغام.

2- تمكن ابن سينا من التخلص من الاضطراب الذي يبدو أن النحاة وقعوا فيه حينما صنفوا الألف مع الهمزة والهاء وجعلوها من مخرج واحد.

3- عناية ابن سينا بالحركات التي -كما يظهر- اعتبرت زائدة عند سيبويه - والتي جاءت نتيجة لتطبيقه الدراسة وفق بعد زمني.

4- ونتيجة لتطبيق المنهج الفيزيائي وفق بعدي الزمان والمكان، فإن ابن سينا قـد توصـل إلى دور الوحـدة المقطعيـة (Syllable) أو حتى إدراك مـا يسمى اليـوم بالتنغيم، وهي خاصة باللغة المنطوقة.

5- هناك خلافٌ في وصف الأصوات بين سيبويه وابن سينا، وخلاف في ترتيبها، فمن الخلاف في ترتيب الأصوات مثلاً أن ابن سينا يقدم القاف على الغين في حين جاءت عند سيبويه (غ ق ك) ، ومن ذلك أن ابن سينا قدم مجموعة (ص س ز) عـلى (ط ت د) في حين جاءت عند سيبويه (ط د ت) (ز س ص).

ومن ذلك أيضاً قدّم ابن سينا (الضاد) إلى مـا بعد (ج ش) ، وأخر اللام والراء إلى مـا بعد (ط ، ذ)، ولكن هذا الخـلاف يبقى يسيراً ممـا يجعلنا نشعر بدقة دراسة النحويين واللغويين.

الحروف المفردة والمركبة : ما نراه عند ابن سينا بالحروف المركبة نـراه عنـد سـيبويه بالحروف الشديدة، ولا نرى خلافاً سوى أن ابن سينا لم يذكر بينها الهمزة، بينما ذكر الضاد التي اعتبرها سيبويه من الأصوات الرخوة.

أما الحروف المفردة : فهي الحروف الرخوة عند سيبويه لكـن سيبويه ذكر الحروف المتوسطة في الوقت الذي جعل ابن سينا الحروف الرخوة والمتوسطة معاً سماها حروفاً مفردة.

الحرف

للعلماء آراء كثيرة في تعريف الحرف ومعناه فيقول ابن منظور في تعريف الحرف:
اعلم أنّ (ح ر ف)[1] أينما وقعت في الكلام يراد بها حدّ الشيء وحِدَّتُه، من ذلك حرف الشيء
إنما هو حدّه وناحيته، وطعام حرّيف : يراد حدّته، ورجل محارف، أي محدود عن الكسب
والخير، وقال أبو عبيدة في قوله عز اسمه ((ومن الناس من يعبد اللـه على حرف))[2] أي لا
يدوم، تقول : إنما أنت على حرف، أي لا أثق بك ، وقال أحمد بن يحيى : أي على شك.
وهذا هو المعنى الأول، ومن هنا سميت حروف المعجم حروفاً، وذلك أن الحرف حَدّ
منقطع الصوت وغايته وطَرَفه كحرف الجبل ونحوه.

ويجوز أن تكون سميت حروفاً لأنها جهات للكلم ونواح، ومن هنا قيل : فلان يقرأ
بحرف أبي عمرو وغيره[3] (أي قراءته).

وقال بعضهم: الحَرْفُ: التي كأنها حَرْفُ جَبَلٍ في شِدّتها وصلابتها، وهذا واضح جليّ.

وقال بعضهم: الحَرْفُ: التي كأنها السيف في مضائها وحِدّتها.

والتحريف في الكلام: تغييرُه عن معناه. كأنه ميل به إلى غيره، وانحرف به نحوه، كما
قال عز وجل في صفة اليهود: (يُحرفون الكلم عن مواضعه)[4] أي يغيرون معاني التوراة
بالتمويهات والتشبيهات.

ويقال : انحرف الإنسان وغيره من الشيء، وتحرّف، واحرورف[5].

1- (مادة – حرف) لسان العرب،الإمام العلامة ابن منظور (630-711هـ)، نسقه وعلق عليه ووضع فهارسه
مكتبة تحقيق التراث،ط3 1993م، دار إحياء التراث العربي ومؤسسة التاريخ العربي، بيروت – لبنان،
ج2، ص837.
2- سورة الحج، الآية 11.
3- سر صناعة الإعراب، ج1 ، ص55-58.
4- سورة النساء ، آية 46.
5- سر صناعة الأعراب، ص31.

الحروف ومخارجها عند ابن سينا

ذكر ابن سينا[1] مخارج الحروف ووصفها وصفاً دقيقاً، وتميز وصفه بمصطلحات انفرد بها. وقد رتب الحروف ترتيباً مخرجياً يشبه إلى حد كبير ترتيب الخليل بن أحمد في كتاب العين مع بعض الخلافات اليسيرة بين ترتيب ابن سينا وترتيب الخليل كما بينا في السابق.

تناول ابن سينا في هذا الفصل حروف المعجم حرفاً حرفاً ووصف مخارجها وصف عالم بالتشريح والفيزياء.

الهمزة:

يقول عن حرف الهمزة الذي ابتدأ به : أما الهمزة فإنها تحدث من حفز قوي من الحجاب وعضل الصدر لهواء كثير ومن مقاومة الطرجهالي الحاصر زماناً قليلاً لحصر الهواء ثم اندفاعه إلى الإنقلاع بالعضل الفاتحة وضغط الهواء معاً)[2] وفي هذا الوصف الدقيق للهمزة نجد أن علماء العرب قد وصفوا هذا الحرف بأسماء عدة منها أنه حرف مهتوت، وأطلق هذا المصطلح على صوت الهمزة لما يحتاج من القوة والشدةِ عند ظهوره. قال أبو حيان : (المهتوت هو صوت الهمزة ، سميت بذلك لخروجها من الصدر كالتهوج فتحتاج إلى ظهور صوت قوي شديد، والهت الصوت بقوة ...)[3]

وقد أطلق عليه بعض العلماء مصطلح الحرف الحي المتحرك أي الذي يقبل الحركات الثلاث الضمة والفتحة والكسرة. قال المبرّد : (المتحركُ حرف حي)[4].

1- رسالة أسباب حدوث الحروف، الفصل الرابع، ص114-126.

2- نفس المصدر ، الفصل الرابع، ص114-126.

3- ارتشاف الضرب من لسان العرب، لأبي حيان الأندلسي، تحقيق مصطفى النحاس، ط1 1984م،القاهرة-مصر، ص11-12.

4- المقتضب-للمبرّد، تحقيق محمد عبد الخالق عضيمة ،بدون طبعة 1965م، عالم الكتب، بيروت-لبنان، ج2، ص285.

أورد ابن الجزري في التمهيد صفة الهمزة بقوله : (هي حرف مجهور شديد، منفتح، مستفل، لا يخالطها نفس، وهي من حروف الإبدال وحروف الزوائد وهي لا صورة لها في الخط، وإنما تُعلّم بالشكل والمشافهة)[1]، والناس يتفاضلون في النطق بها.

الهاء:

يقول ابن سينا: (أما الهاء فإنها تحدث عن مثل ذلك الحفز في الكم والكيف إلا أن الحبس لا يكون حبساً تاماً بل تفصله حافات المخرج وتكون السبيل مفتوحة والإندفاع يماس حافاته بالسوء غير مائل إلى الأوسط)[2].

ووصفها ابن الجزري بقوله: (وأما الهاء فإنها تخرج من مخرج الهمزة من وسط المخرج الأول من مخارج الحلق بعد مخرج الهمزة، وهي مهموسة، رخوة، منفتحة، منسفلة، خفية، فلولا الهمس والرخاوة اللذان فيها مع شدة الخفاء لكانت همزة، ولو الشدة والجهر اللذان في الهمزة لكانت هاء،إذ المخرج واحد، ومن أجل هذا أبدلت العرب من الهاء همزة، ومن الهمزة هاء)[3].

وقد اهتم ابن سينا والعلماء القدماء والمحدثين بإتقان المخرج والصفة حتى لا تتداخل الحروف كما هو واضحٌ في نصوصهم.

العين:

وأما العين فوصف ابن سينا مخرجها بقوله: (وأما العين فيفعلها حفز الهواء مع فتح الطرجهالي مطلقاً وفتح الذي لا اسم له متوسطاً وإرسال الهواء إلى فوق ليتردد في وسط رطوبة يتدحرج فيها من غير أن يكون هذا الحفز خاصاً)[4]. ووصفها ابن الجزري بقوله : (فالعين تخرج من المخرج الثاني من الحلق قبل مخرج الحاء. وهي مجهورة بين الشدة والرخاوة، مستفلة، إذ لو الشدة لكانت حاء)[5]

1- التمهيد في علم التجويد، ص106، سر صناعة الإعراب ، ج1، ص83.

2- رسالة أسباب حدوث الحروف ، الفصل الرابع، ص126.

3- التمهيد في علم التجويد، ص146.

4- أسباب حدوث الحروف، الفصل الرابع، ص115.

5- التمهيد في علم التجويد، ص135.

فوصف ابن سينا هنا فيه دقة وتفصيل أكبر من غيره من العلماء السابقين أإو المحدثين وذلك أن حرف العين لولا الجهر وبعض الشدة لكان حاء.

الحاء:

أما الحاء وصفها ابن سينا بقوله مثلها (العين) إلا أن فتح الذي لا اسم له أضيق والهواء ليس يحفز على الإستقامة حفزاً ، بل يميل إلى خارج حتى يقسر الرطوبة ويحفزها إلى قدام فتحدث من انزعاج أجزائها إلى قدام هيئة الحاء)[1].

ووصفها ابن الجزري بقوله: (ومخرج الحاء أنها تخرج من المخرج الثاني من وسط الحلق بعد مخرج العين. لأنها جميعاً من وسطه، وهي مهموسة ، رخوة، مستفلة، منفتحة)[2].

وقال الخليل: (لولا بحّة في الحاء لكانت مشبّهةٌ للعين)[3]. يريد في اللفظ إذ المخرج والصفات متقاربة ولهذا لم يأتلف في كلام العرب عين وحاء أصليتان في كلمة ولا تجد أحدهما مجاوراً للأخرى في كلمة إلا بحاجز بينهما.

الخاء:

وصفها ابن سينا بقوله: (وأما الخاء فإنها تحدث من ضغط الهواء إلى الحد المشترك بين اللهاة والحنك ضغطاً قوياً مع إطلاق يهتز فيما بين ذلك رطوبات يعنّف عليها التحريك إلى قدام فكلما كادت أن تحبس الهواء زوحمت وقسرت إلى خارج في ذلك الموضع بقوة)[4].

(تخرج الخاء من أول المخرج الثالث من الحلق، وهي مما يلي : الفم وهي حرف مهموس، مستعل، رخوة منفتح)[5]. فإذا وقف بعدها ألف فلا بد من تفخيم لفظها

1- رسالة أسباب حدوث الحروف، الفصل الرابع، ص114.

2- التمهيد في علم التجويد، ص117 - صناعة الأعراب، ج2، ص203.

3- العين، ج1، ص64، الجمهرة ، ج1، ص9.

4- رسالة أسباب حدوث الحروف، الفصل الرابع، ص116 - سر صناعة الأعراب، ج1، ص195.

5- التمهيد في علم التجويد، ص119، - سر صناعة الأعراب ، ج1، ص287.

لاستعلائها، ويحذر العلماء من تفخيم الألف التي بعدها، حيث يقع بعض القرّاء في ذاك الخطأ.

القاف:

أما القاف وصفها ابن سينا بقوله: (تحدث حيث تحدث الخاء ولكن بحبس تام، وأما الهواء فمقداره ومواضعه فذلك بعينه)[1]، وعبر د. محمد الضالع عن القاف بقوله : ونلاحظ أن ابن سينا قد قدم القاف على الغين علماً أن العلماء المحدثين يعتبرون الغين قبل القاف، وكذلك القدماء كالخليل وسيبويه، جعلوا القاف بعد الغين)[2]، وقد وصفها ابن الجزري بقوله : (إنها تخرج من أول مخارج الفم، من جهة الحلق من أقصى اللسان وما فوقه من الحنك الأعلى، وهي مجهورةٌ، شديدة، مستعلية، مقلقلة، منفتحة). ونلاحظ هنا سهولة عبارة المتأخرين ومباشرة دلالتها على المراد بالرغم من نفاسة وصف السابقين.

الغين:

وصفها ابن سينا بقوله: (وأما الغين فهو أخرج من ذلك يسيراً وليست تجد من الرطوبة ولا من قوة انحصار الهواء ما تجده الخاء، والحركة فيه إلى قرار الرطوبة أميل منها إلى دفعها إلى خارج ، لأن الحركة فيها أضعف وهو أنها تحدث في الرطوبة الحنكية كالغليان والاهتزاز)[3].

يقول ابن الجزري: (أنها تخرج من مخرج الخاء، وهي آخر المخرج الثالث من الحلق مما يلي الفم، وهي مجهورة رخوة، منفتحة، مستعلية)[4].

والملاحظ أن ابن سينا قد أخر الغين وقدم عليها القاف كما ذكرنا في باب القاف.

1- رسالة أسباب حدوث الحروف، الفصل الرابع، ص117.

2- المصطلح الصوتي عند علماء العرب القدماء، ص59.

3- رسالة أسباب حدوث الحروف ، الفصل الرابع، ص116.

4- التمهيد في علم التجويد، ص136. - سر صناعة الأعراب، ج1، ص255.

إذا لقيت الغين حرفاً من حروف الحلق وجب بيانها نحو قوله تعالى : (ربّنا أفرغ علينا صبراً)[1] لأن مخرج الغين قريب من مخرج العين وهذا ما أشار إليه ابن سينا بقوله: (أخرج من ذلك يسيرا).

الكاف:

وصفها ابن سينا بقوله: (وأما الكاف فإنها تحدث حيث يحدث الغين وبمثل سببه، إلا أن حبسه حبس تام ، ونسبة الكاف إلى الغين هي نسبة القاف إلى الخاء)[2].

وصفها ابن الجزري بقوله: (فمخرج الكاف أنها تخرج من المخرج الثاني من مخارج الفم بعد القاف مما يلي الفم، وهي مهموسة ، شديدة ، منفتحة مستفلة)[3]. فإذا وقع بعد الكاف حرف استعلاء وجب بيانها لئلا تلتبس بلفظ غيرها نحو قوله : (كطيّ السّجل)[4]، وإذا تكررت الكاف وجب بيانها كذلك ولابد من ترقيقها إذا وقع بعدها ألف، ويبين ابن سينا أن نسبة الكاف إلى الغين كنسبة القاف إلى الخاء.

الجيم:

وصفها ابن سينا بقوله: (وأما الجيم فيحدث من حبس بطرف اللسان تام وبتقريب الجزء المقدم من اللسان من سطح الحنك المختلف الأجزاء في النتوء والانخفاض مع سعة ذات اليمين واليسار وإعداد رطوبة حتى إذا أطلق نفذ الهواء في ذلك المضيق نفوذاً يصغر لضيق المسلك إلا أنه يتشذب لاستعراضه ويتمم صفيره خلل الأسنان وتنقص من صفيره وترده إلى الفرقعة الرطوبة المندفعة فيما بين ذلك متفقعة ثم تتفقأ، إلا أنها لا يمتد بها التفقع إلى بعيد ولا تتسع بل تفوقها في المكان الذي يطلق فيه الحبس)[5]

1- البقرة، الآية 250.

2- رسالة أسباب حدوث الحروف، الفصل الرابع، ص117.

3- التمهيد في علم التجويد، ص140. - سر صناعة الأعراب، ج1، ص289.

4- الأنبياء ، الآية 104.

5- رسالة أسباب حدوث الحروف، الفصل الرابع، ص117.

وصفها ابن الجزري بقوله: (وأما الجيم فهي من المخرج الثالث من مخارج الفم، وهو من وسط اللسان وبين الحنك، وهي مجهورة، شديدة ، منفتحة، مستفلة، مقلقلة، فإذا نطقت بها ووفّها حقّها من صفاتها)[1].وإذا سكنت الجيم سواء كان سكونها لازماً أو عارضاً فلا بد من إظهار جهرها وشِدّتها، وقلقلتها، حتى لا تضعف وتمتزج بالشين نحو قوله : (أجاج)[2].

الشين:

وصفها ابن سينا بقوله: (وأما الشين فهي حادثة حيث يحدث الجيم بعينه ولكن بلا حبس البتة، فكأن الشين جيم لم يحبس وكأن الجيم شين ابتدأت بحبس ثم أطلقت)[3].

وصفها ابن الجزري بقوله: (والشين تخرج من المخرج الثالث من الفم بعد الكاف، من وسط اللسان، بينه وبين وسط الحنك، وهي مهموسة، رخوة، منفتحة، مستفلة، متفشية)[4]، وحثما وقعت الشين فلا بد من تفشيها وبيانها وإلا صارت كالجيم، وإذا وقع بعدها جيم فلا بد من بيان الشين نحو (شجر بينهم)[5].

الضاد:

وصفها ابن سينا بقوله: (وأما الضاد فإنها تحدث عن حبس تام عند ما تتقدم موضع الجيم وتقع في الجزء الأملس إذا أطلق أقيم في مسلك الهواء رطوبة وحدة أو رطوبات تتفقع من الهواء الفاعل للصوت ويمتد عليها منحبساً حبساً ثانياً ويتفقؤ فيحدث شكل الضاد)[6].

1- التمهيد في علم التجويد، ص115، سر صناعة الأعراب، ج1، ص187.

2- الفرقان، الآية 53.

3- رسالة أسباب حدوث الحروف، الفصل الرابع، 118.

4- التمهيد في علم التجويد، ص128، سر صناعة الأعراب، ج1، ص217.

5- النساء، الآية 65.

6- رسالة أسباب حدوث الحروف، الفصل الرابع، 119.

ووصف سيبويه هذا الصوت بأنه صوت يتكلف من الجانب الأيمن للسان، وإن شئت تكلفتها من الجانب الأيسر، لأنها حافة اللسان مطبقة، لأنك جمعت في الضاد تكلف الأطباق مع إزالته عن موضعه، وإنما جاز فيها لأنك تحولها من اليسار إلى الموضع الذي في اليمين، وهي أخف لأنها من حافة اللسان وأنها تخالط مخرج غيرها بعد خروجها، فتستطيل حيث تخالط حروف اللسان فيسهل تحويلها إلى الأيسر، لأنها تصير في حافة اللسان الأيسر مثل ما كانت في الأيمن، ثم تنسل من الأيسر حتى تتصل بحروف اللسان كما كانت ذلك في الأيمن)[1].

يقول د. عبد القادر مرعي: (والذي نراه أنَّ هذا الصوت ينتج عن طريق التصاق مقدمة اللسان باللثة والأسنان العليا التصاقاً يمنع مرور الهواء ورفع الطبق لسدّ التجويف الأنفي ، وتكون مؤخرة اللسان مرتفعة نحو الطبق ولكن بصورة أقل من ارتفاعها مع الضاد الفصيحة ويكون ممرُّ الهواء غير مغلق إغلاقاً تاماً كما يحدث مع الضاد الفصيحة هذا مع اهتزاز الوترين الصوتين)[2].

أما ابن الجزري فيرى أنها تخرج من المخرج الرابع من مخارج الفم من أول حافة اللسان وما يليه من الأضراس، وهي مجهورة، رخوة، مطبقة، مستطيلة)[3] وقد سميت اللغة العربية بلغة الضاد، وذلك لتفرد اللغة العربية بها.

الصاد:

وصفها ابن سينا بقوله: (وأما الصاد فيفعله حبس تام أضيق من حبس السين وأيبس وأكثر أجزاء حابس طولاً إلى داخل مخرج السين وإلى خارجه حتى يطبق اللسان أو يكاد يطبق على ثلثي السطح المفروش تحت الحنك والمنخر ويتسرب الهواء عن ذلك المضيق بعد حصر شيء فيه من وراء ويخرج من خلال الأسنان)[4].

1- الكتاب، ج4، ص432-433.

2- المصطلح الصوتي عند علماء العربية القدماء، ص53.

3- التمهيد في علم التجويد، ص130، سر صناعة الأعراب، ج1، ص225.

4- رسالة أسباب حدوث الحروف، الفصل الرابع، ص119.

وصفها ابن الجزري بقوله: (تخرج الصاد من المخرج التاسع مـن مخـارج الفـم، وهـو مخرج الزاي والسين، وهي مهموسة، رخوة، مطبقة، مستعلية، صفيرية)[1]، إذا سكنت الصـاد ووقع بعدها دال فلا بد من بيانها وإلا صارت زايا كقوله : (اصطفى)[2]، وإذا وقع بعـد تـاء فلا بد من بيانها كذلك وإلا صارت سيناً كقوله : (ولو حرصت)[3]، فينبغي الحـذر فـي مخرجهـا وصفتها وتحري ذلك.

يقول د. عبد القادر مرعي: (وينتج هذا الصوت عن طريق وضع طرف اللسان باتجاه الأسنان ومقدمته مقابل اللثة العليا، مع رفع الطبق ليسـدَّ المجـرى الأنفـي وترتفـع مـؤخرة اللسان نحو الطبق ولكن بصورة أقل من ارتفاعها مع الصاد ، ويتم كل هذا مع عدم اهتزاز الأوتار الصوتية)[4].

السين:

وصفها ابن سينا بقولـه: (وأمـا السـين فتحـدث العضـلات التـي فـي طـرف اللسـان لا بكليتها بل بأطرافها)[5].

يقول ابن الجزري: (وهي مهموسة ، رخوة ، مفتحة ، مستفلة ، صفيرية، ولولا الهمـس الذي فيها لكانت زايا ، ولولا الجهر الذي في الزاي لكانت سينا)[6]، إذا وقع بعد السين حـرف من حروف الإطباق وجب بيانها وإلا صارت صاداً وينبغي أن يبين صفيرها أكثر مـن الصـاد لأن الصاد بيّن في الإطباق،

1- التمهيد في علم التجويد، ص129. سر صناعة الأعراب، ج1، ص221.

2- البقرة، الآية 132.

3- يوسف ، الآية 103.

4- المصطلح الصوتي عند علماء العرب القدماء، ص53.

5- رسالة أسباب حدوث الحروف ، الفصل الرابع، ص120.

6- التمهيد في علم التجويد، ص126-127، سر صناعة الأعراب، ج1، ص211.

الزاي:

وصفها ابن سينا بقوله: (وأما الزاي فإنها تحدث من الأسباب المصفرة التي ذكرناها، إلا أن الجزء الحابس فيها من اللسان يكون ما يلي وسطه ويكون طرف اللسان غير ساكن سكونه الذي كان في السين بل ممكن من الاهتزاز، فإن انفلت الهواء الصافر عن المحبس اهتز له طرف اللسان واهتزت رطوبات تكون عليه وعنده، ونقص من الصفير إلا أنه باهتزازه يحدث في الهواء الصافر المنفلت شبيه التدحرج في منافذه الضيقة بين خلل الأسنان فيكاد أن يكون فيه شبيه التكرير الذي يعرض للراء، وسبب ذلك التكرير اهتزاز جزء من سطح طرف اللسان خفى الاهتزاز)[1].

يقول ابن الجزري: (وأما الزاي فإنها تحدث من المخرج التاسع من الفم، مما يلي اللسان وفويق الثنايا السفلى، وهي مجهورة منفتحة، مستفلة، صفيرية)[2].ويقول ابن سينا : (فإذا انقلع عنه وانضغط الهواء الكثير سمع الطاء)[3]،. بهذا الوصف الفيزيائي الدقيق نلاحظ دقة التمييز بين مخارج الحروف وصفاتها.

الراء:

يقول ابن سينا: (ويكاد الاهتزاز الذي يقعُ في الزّاي أَنْ يكون تكريراً كالتكرير للواقع في الرّاء ، إلا أن الذي في الرّاء إنما يقع ارتعاد سطح اللسان في الطول)[4].

ويقول ابن الجزري: (أما الراء فإنها تخرج من المخرج السابع من مخارج الفم، وهو ما بين طرف اللسان وفويق الثنايا العليا، وهي أدخل في طرف اللسان قليلاً من النون، وفيها انحراف إلى مخرج اللام، وهي مجهورة بين الشدة والروخاوة، منفتحة، منسفلة، متكررة، ضارعت بتفخيمها الحروف المستعلية)[5].

1- رسالة أسباب حدوث الحروف ، الفصل الرابع، ص120.

2- التمهيد في علم التجويد ، ص126. سر صناعة الأعراب، ج1، ص207.

3- رسالة أسباب حدوث الحروف، الفصل الرابع، ص121.

4- رسالة أسباب حدوث الحروف، الفصل الرابع، ص121.

5- التمهيد في علم التجويد، ص124-125.

قال سيبويه: (والراء إذا تكلمت بها خرجت كأنها مضاعفة، وذلك لما فيها من التكرير الذي انفردت به دون سائر الحروف)، وقد توافق رأي ابن سينا وسيبويه وغيرهم في قضية التكرار في حرف الراء إلا أن ابن سينا انفرد بوصف سطح اللسان في حالة نطق الراء بقوله: (إرتعاد سطح اللسان).

الطاء:

وصفها ابن سينا بقوله: (أما الطاء فهي من الحروف الحادثة عـن القلـع- دون القـرع أو مع القرع- وإنما تحدث عن انطباق سطح اللسان أكثر مـن سـطح الحنـك والمنخـر وقـد يبرؤ شيء منهما عن صاحبه وبينهما رطوبة فإذا انقلـع عنـه وانضغط الهـواء الكثـير سمـع الطاء)[1].

يقول ابن الجزري (الطاء تخرج مـن مخـرج التـاء والـدال، وهـو المخـرج الثـامن مـن مخارج الفم، وهي من أقوى الحروف، لأنها حرف مجهور، شديد، مطبق، مستعل، مقلقل، إذا سكن)[2]

التاء:

وصفها ابن سينا بقوله: (أما التاء وإن كان الحبس بجزء أقل ولكـن مثلـه في الشـدة سمع التاء، وإن كان الحبس مثل حبس التاء في الكم وأضعف منه في الكيف سمع الدال)[3].

وقد جعل ابن سينا هـذه الأحـرف الثلاثـة في مخـرج واحـد، وهـذا مـا ذهـب إليـه المتقدمون والمتأخرون.

1- رسالة أسباب حدوث الحروف ، الفصل الرابع، ص121.

2- التمهيد في علم التجويد، ص132-133، سر صناعة الأعراب، ج1، ص229.

3- رسالة أسباب حدوث الحروف، الفصل الرابع، ص123.

الثاء:

وصفها ابن سينا بقوله: (أما الثاء وإن لم يكن حيث التاء حبس تام ولكن إطلاق يسير يصفر معه الهواء غير قوى الصفير كصفير السين لأن طرف اللسان يكون أرفع وأحبس للهواء من أن يستمر في خلل الأسنان جيداً وكأنه ما بين تماس أطراف الأسنان سمع الثاء)[1].

وصفها ابن الجزري بقوله: (وهي مهموسة ، رخوة، منفتحة، مستفلة)[2]

الظاء:

وصفها ابن سينا بقوله: (أما الظاء وإن كان حبس كالإشمام بجزء صغير من طرف اللسان وأجراء الهواء المطلق بعد الحبس على سائر سطح اللسان على رطوبته وحفز له جملة سمع الظاء)[3]

وصفها ابن الجزري بقوله: (أما الظاء فمخرجها من مخرج الذال والثاء وهو المخرج العاشر وهي مجهورة، رخوة، مطبقة، مستعلية)[4].

الدال:

وصفها ابن سينا بقوله: (أما الدال ولكن ينقل الهواء عن الحبس بما يلي طرف اللسان من الرطوبة حتى يحركها ويهزها هزاً يسيراً وينفذ فيها وفي أعالي خلل الأسنان قبل الإطلاق ثم يطلق كان منه الدال)[5].

وصفها ابن الجزري بقوله: (مجهورة، شديدة، منفتحة، مستفلة، متقلقلة)[6].

1- نفس المصدر، الفصل الرابع، ص123.

2- التمهيد في علم التجويد، ص114، سر صناعة الأعراب، ج1 ، ص183.

3- رسالة أسباب حدوث الحروف، الفصل الرابع، ص123.

4- التمهيد في علم التجويد، ص134-135.

5- رسالة أسباب حدوث الحروف ، الفصل الرابع، ص121.

6- التمهيد في علم التجويد، ص121. سر صناعة الأعراب ، ج1، ص187.

الذال:

وصفها ابن سينا بقوله: (والذال يقصر به عن الزاي ما يقصر الثاء عن السين وهو أنه لا يمكن هواؤه حتى يستمر جيداً في خلل الأسنان بل يسدّ مجراه من تحت ويمكن من شمه من أعاليه ولكن يكون في الذال قريباً من الاهتزاز الذي في الزاي)[1].

وصفها ابن الجزري بقوله: (مجهورة، منفتحة، مستفلة، صفيرية)[2]، وقد جعل العلماء هذه الأحرف الثلاثة من مخرج واحد.

اللام:

وصفها ابن سينا بقوله: (أما اللام وإن كان حبس بطرف اللسان رطب جداً ثم قلع والحبس معتدل غير شديد وليس الاعتماد فيه على الطرف من اللسان بل على ما يليه -لئلا يكون مانعاً من التذاق الرطوبة ثم انقلابها- حدث اللام)[3].

وصفها ابن الجزري بقوله: (مجهورة، بين الشدة والرخاوة، منفتحة، مستفلة)[4]، وقد جعلها العلماء من أحرف التوسط (لن عمر) كما وصفها ابن سينا في هذا النثص.

الواو:

وصفها ابن سينا بقوله: (أما الواو وإن كان الحبس أيبس وليس قوياً ولا واحداً بل يتكرر الحبس في أزمنة غير مضبوطة كان منه الترعيدات والإيقاعات وذلك لشدة اهتزاز حبس سطح اللسان حتى يحدث حبساً بعد حبس غير محسوس حدث الواو)[5]

يقول ابن الجزري: (إنها تخرج من مخرج الباء والميم، وهو المخرج الثاني عشر من بين الشفتين، وهي مجهورة، رخوة، منفتحة ، مستفلة، بين الشدة والرخاوة)[6].

1- رسالة أسباب حدوث الحروف، الفصل الرابع، ص122.

2- التمهيد في علم التجويد، ص126. سر صناعة الأعراب، ج1، ص201.

3- رسالة أسباب حدوث الحروف، الفصل الرابع، ص123.

4- التمهيد في علم التجويد، ص140-141. سر صناعة الأعراب، ج2، ص5.

5- رسالة أسباب حدوث الحروف، الفصل الرابع، ص124.

6- التمهيد في علم التجويد، ص148-149. سر صناعة الأعراب، ج2، ص223.

الفاء:

وصفها ابن سينا بقوله: (أما الفاء وأما إذا كان حبس الهواء بآخر الثنية من الشفة وتسربه في آخر الثنية من غير حبس تام حدث الفاء)[1].

وصفها ابن الجزري بقوله: (مخرجها من الفم، وهو الحادي عشر ، وهو من أطراف الثنايا العليا وباطن الشفة السفلى، وهي مهموسة، رخوة، منفتحة، مستفلة، متفشية)[2].

الباء:

وصفها ابن سينا بقوله: (أما الباء وإن كان في ذلك الموضع بعينه مع حبس تام الإطلاق في تلك الجهة بعينها حدث الباء، ونسبة الباء إلى الفاء عند الشفة نسبة الهمزة إلى الهاء عند الحنجرة)[3].

وصفها ابن الجزري بقوله: (الباء تخرج من المخرج الثاني عشر من مخارج الفم، ممّا بين الشفتين مع تلاصقهما ، وهي مجهورة، شديدة، منفتحة، مستفلة، مقلقة)[4].

الميم:

وصفها ابن سينا بقوله: (أما الميم وأما إذا كان حبس تام غير قوي وكان ليس الحبس كله عند المخرج من الشفتين ولكن بعضه إلى ما هناك ، وبعضه إلى ناحية الخيشوم حتى يحدث الهواء عند اجتيازه الخيشوم والفضاء الذي في داخله دوياً- حدث الميم)[5]

1- رسالة أسباب حدوث الحروف، الفصل الرابع، ص125.

2- التمهيد في علم التجويد، ص137. سر صناعة الأعراب، ج1، ص259.

3- رسالة أسباب حدوث الحروف، الفصل الرابع، ص125.

4- التمهيد في علم التجويد، ص109-110، سر صناعة الأعراب، ج1، ص131.

5- رسالة أسباب حدوث الحروف، الفصل الرابع، ص125.

وصفها ابن الجزري بقوله: (إنها تخرج من المخرج الثاني عشر، من مخارج الفم، وهي مجهورة، بين الشدة والرخاوة منفتحة، مستفلة)[1].

النون:

وصفها ابن سينا بقوله: (النون وإن كان بدل الشفتين طرف اللسان وعضو آخر حتى يكون عضو رطب أرطب من الشفة يقاوم الهواء بالحبس ثم يتسرب أكثر إلى ناحية الخيشوم كان النون)[2].

وصفها ابن الجزري بقوله: (تخرج من مخارج الفم، وهي مجهورة ، بين الشدة والرخاوة، منفتحة، مستفلة، فيها غنّة إذا سكنت تخرج من الخياشيم من غير مخرج المتحركة ...)[3].

الواو الصامتة:

وصفها ابن سينا بقوله: (وأما الواو الصامتة فإنها تحدث حيث تحدث الفاء ولكن بضغط وحفز للهواء ضعيف لا يبلغ أن يمانعه في انضغاطه بسطح الشفة)[4].

الياء الصامتة:

وصفها ابن سينا بقوله: (والياء الصامتة فإنها تحدث حيث يحدث السين والزاي ولكن بضغط وحفز للهواء ضعيف لا يبلغ أن يحدث صفيراً)[5].

و صفها ابن سينا بقوله: (وأما الألف المصموتة وأختها الفتحة فأظن أن مخرجها مع إطلاق الهواء سلساً غير مزاحم)[6].

1- التمهيد في علم التجويد ، ص143. سر صناعة الأعراب، ج2، ص89.

2- رسالة أسباب حدوث الحروف، الفصل الرابع، ص124.

3- التمهيد في علم التجويد، ص145، سر صناعة الأعراب، ج2، ص107.

4- رسالة أسباب حدوث الحروف، الفصل الرابع، ص124.

5- رسالة أسباب حدوث الحروف، الفصل الرابع، ص124.

6- رسالة أسباب حدوث الحروف، الفصل الرابع، ص124.

وصفها ابن سينا بقوله: (والواو المصوتة وأختها فأظن أن مخرجها مـع إطلاق الهـواء مع أدنى تضييق للمخرج وميل به سلس إلى فوق).

الياء المصوتة:

وصفها ابن سينا بقوله: (والياء المصوتة وأختها الكسرة فأظن أن مخرجها مـن إطلاق الهواء من أدنى تضييق المخرج وميل به إلى سلس إلى أسفل).

يقول ابن سينا أيضاً: ثم أمر هذه الثلاثة عـليّ مشكل ولكني أعلم يقيناً أن الألـف الممدودة المصوتة تقع في ضعف أو أضعاف زمان الفتحة، وأن الفتحة تقع في أصغر الأزمنة التي يصح فيه الانتقال من حروف إلى حروف ، وكذلك نسبة الواو المصوتة إلى الضمة والياء المصوتة إلى الكسرة)[1]. وسنوضح هذا المعنى بالتفصيل في الصوائت.

وليعلم أن المقصود بالمصوتة هي المدية سواء الألف أو الواو أو الياء.

1- رسالة أسباب حدوث الحروف، الفصل الرابع، ص126.

خـلاصـة

في هذا الفصل من رسالة أسباب حدوث الحروف، والذي لم أجد لابن سينا في كتبه التي اطلعت عليها أي إشارة إلى مخارج الحروف، فإنه قد وصف لنا هذه الحروف بطريقة عالم الط. ، والفيزياء (العلوم الطبيعية) ، ويعد هذا الفصل من أهم فصول هذه الرسالة ، فنلاحظ أثر الدراسة الطبيعية، في دراسة الصوت اللغوي في فكره المحل الذي لا يسدر الصوت إلا عنه، فهذا المحل بالنسبة للأصوات هو مخارجها ... وهذا ما يؤكده القاضي عبد الجبار في قوله (... ولأن الحروف إنّما تتقطع وتصير كلاماً منظوماً مفارقاً للصوت الممتد من حيث اختص بمخرج مخصوص وبنية تقطع الحروف، فيجب أن يستحيل وجودها مع فقد البنية ...)[1]. وتظهر فكرة المحل بشكل واضح في تعريف الحرف عند الفارابي بقوله (الحرف صوت له فصل ما يحدث فيه بقرع شيء من أجزاء الفم من لهاة ، أو شيء من أجزاء الحلق، أو من أجزاء الشفتين ... وفصولها التي يتميز بها بعضها عن بعض إنما تختلف باختلاف أجزاء الفم القارعة أو المقروعة)[2].

ويتطابق هذا مع تعريف ابن حزم للصوت اللغوي ... إذ بعد ذكره للصوت المسموع والملفوظ به هو ما تسميه قرآناً (أي الصوت يلازم الكلام بشكله الشفهي) يعرف الصوت قائلاً (... وأما الصوت فهو هواء يندفع من الحلق والصدر والحنك واللسان والأسنان والشفتين إلىآذان السامع وهو حروف الهجاء...)[3]

ونجد تطابقاً كذلك في تعريف القاضي عبد الجبار بقوله : (فالكلام ليس الصوت مطلقاً، ولا يكون الصوت كلاماً إلا إذا قطع ، أي إذا خرج من المخرج، ونرى الفكرة نفسها عند إخوان الصفا .

1- مفهوم الدرس الصوتي عند العرب، ماهر عيسى حبيب، رسالة ماجستير (مخطوط)، ص43.

2- كتاب الحروف، أبو النصر محمد بن طرخان الفارابي، حققه وقدم له وعلق عليه محسن مهدي، ط1 1986م، دار المشرق، بيروت-لبنان، ص29.

3- الفصل في الملل والأهواء والنحل،ابن حزم الظاهري، تحقيق د.محمد إبراهيم نصر وعبد الرحمن عميره، بدون طبعة 1985م، دار الجليل-بيروت، لبنان، ج3، ص14.

(فالكلام صوت بحروف مقطعة دالة على معان مفهومة، من مخارج مختلفة)[1].

ومن هنا نرى أن إخوان الصفا يعرضون للمخارج عند سائر الحيوانات فيجدونها من الرئة إلى الصدر ثم إلى الحلق ثم إلى الفم ، ثم يخرج الصوت من الفم على قدر عظم صوت ذلك الحيوان على قدر قوته وضعفه ...، وعلى ذلك يذكرون أنَّ ما لا رئة له لا صوت له ، وما نسمعه من أصوات الزنابير والجنادب ... ما هو إلا طنين ورنين يشبه الصوت، وينتج عن اصطدام الهواء بفمه أو بأجنحته[2].

وقد أشار ابن سينا إلى الهيئات والصور التي يتحول إليها الحرف إذا لم يتحقق خروج الحرف من مخرجه، فصوت الظاء على سبيل المثال هو الصوت المطبق لصوت الذال، والأمر ذاته بالنسبة إلى صوت السين، فهو النظير المنفتح للصاد المطبقة ، والنظير المهموس للزاي المجهورة.

ونخلص إلى القول كذلك أن ابن سينا كان دقيقاً فقي وصفه لمخارج وصفات الحروف وصفاً دقيقاً موجزاً مستخدماً خبرته التشريحية والفيزيائية واللغوية مع أن عبارات المتأخرين لا تكاد تزيد على ما أورده ابن سينا في هذا الباب، بالرغم من أنها تمتاز بسهولة العبارة ودقة الوصف.

1- مفهوم الدرس الصوتي، ص45.

2- مفهوم الدرس الصوتي، ص45.

الفصـــل الرابـــع

التفكير الفونولوجي
عند ابن سينا

الفونولوجيا: هو علم وظائف الأصوات . على أساس أنه يُعْنى بتنظيم المادة الصوتية وإخضاعها للتعقيد والتقنين. أو أنه يبحث في الأصوات من حيث وظائفها في اللغة، وكلا الجانبين من صميم اختصاص الفونولوجيا[1].

ويذهب د. حلمي خليل إلى القول: (إنَّ وظيفة الصوت داخل البنية وعلاقته بغيره من الأصوات هي مدار التحليل الفونولوجي للغة)[2].

ويرى الأستاذ[3] مشعل سليمان أن الفونولوجي : يتعامل مع الأصوات من خلال وجودها في سياق صوتي أو لغوي معين، فهو يدرس وظيفة الأصوات التي تتميز بها داخل بنية لغوية كالكلمة مثلا، كما تتميز بها المعاني المختلفة للكلمات.

تعريف الفوينم:

للفونيم تعريفات متعددة فمنهم من عرفه بأنه الصورة العقلية للصوت[4]. ومنهم من عرفه بأنه (مجموعة من الأصوات المترادفة) [5] سواء كان هذا الترادف ناتج عن تنوع حر أو تنوع تركيبي.

ويعرفه العالم الإنجليزي دانيال جونز : عائلة من الأصوات المترابطة فيما بينها في الصفات في لغة معينة والتي تستعمل بطريقة تمنع وقوع أحد الأعضاء في كلمة من الكلمات في نفس السياق الذي يقع فيه أي عضو آخر من العائلة نفسها[6].

---

(1) الأصوات العربية, ص55.

(2) التفكير الصوتي عند الخليل, د.حلمي خليل, ط1 1988م, دار المعرفة الجامعية, مصر, ص12.

(3) الظواهر الصوتية في قراءة حمزة بن حبيب الزيات, دراسة فونولجية, مشعل سليمان الخوالدة, رسالة ماجستير, جامعة اليرموك, 0200م, ص72.

(4) الأصوات اللغوية, ص97, نقلها عن تعريف Trybetskoy لها بهذا التعريف, كتابة D,Jonse,The Phonene.

(5) الصوتيات والفونولوجيا, مصطفى حركات, ط1, 1998م, دار الثقافة للنشر - القاهرة, مصر, ص31.

(6) الاصوات العربية, د.كمال محمد بشر, مكتبة الشباب, مصر, الطبعة الأولى, 1987م, ص157.

فوظيفة الفونيم على هذا الرأي التمييز بين الكلمات وإعطاؤها قيماً لغوية مختلفة : حرفية أو دلالية[1].

أما أصحاب المدرسة العقلية النفسية فترى هذه المدرسة أن الفونيم صوت واحد له صورة ذهنية تجريدية يستطيع المتكلم استحضارها في ذهنه ويحاول لا شعورياً – أن ينطقها في الكلام الفعلي. ولكنه قد ينجح في تحقيق هذه الصورة الذهنية والتعبير عنها بصوت حقيقي ، وقد يفشل في حالات أخرى فيحاول أن يأتي بأقرب صوت إلى هذه الصورة وإن لم يماثلها تمام المماثلة[2].

ومن رواد هذه المدرسة (سابير) وقد استعمل مصطلح (أصوات مثالية) ليعنى بها فونيمات من وجهة النظر العقلية، ويقول (إنَّ هذه الأصوات المثالية التي يكونها الإحساس الفطري بوجود علاقات مهمة بين الأصوات الحقيقية أكثر واقعية وتحقيقاً بالنسبة للمتكلم العادي من الأصوات الحقيقية نفسها) [3].

أما (تروبتسكوي) فيعرف الفونيمات بأنها هي أصغر وحدات اللغة التي تستطيع –بطرق التبادل- أن تميز كلمة من كلمة أخرى. ويعرف الفونيمات بأنها الوحدات الصوتية التي لا يمكن تقسيمها إلى عناصر صوتية متتابعة من وجهة نظر اللغة المعنية التي يقوم الباحث بدراستها. ويقرر أن الفونيمات علامة مميزة، ولا يمكن تعريفها إلا بالرجوع إلى وظائفها في تركيب كل لغة على حدة.

أما عبد القادر عبد الجليل فيعرف: الفونيم: بأنه أصغر وحدة صوتية غير قابلة للتجزئة.

(1) نفس المصدر, ص158
(2) الأصوات العربية, د.كمال بشر, ص158.
(3) المصدر نفسه, ص158.

أنواع الفونيمات:

هناك من العلماء من يقسم الفونيمات إلى نوعين:

1- **فونيمات رئيسية Primary:** ويعني الرئيسية تلك الوحدة الصوتية التي تكون جزءاً من أبسط صيغة لغويه ذات معنى منعزلة عن السياق أو قال، الفونيم الرئيسية هي ذلك العنصر الذي يكون جزءاً أساسياً من الكلمة المفردة وذلك كالباء والتاء والثاء ... الخ ثم سميت هذه الفونيمات بالفونيمات التركيبية.

2- **فونيمات ثانوية Secondary:** هي ظاهرة أو صفة صوتية ذات مغزى في الكلام المتصل، فالفونيمات الثانوية -بعكس الرئيسية- لا تكون جزءاً من تركيب الكلمة وإنما تظهر وتلاحظ فقط حين تضم كلمة إلى أخرى. أو حين تستعمل الكلمة الواحدة بصورة خاصة، كأن تستعمل جملة، ويطلقون عليها بفونيمات ما فوق التركيب[1].

المصوتات العربية:

تعرف العربية واحداً وثلاثين مصوتاً تنقسم إلى صوامت وصوائت أو حركات.

الصوامت العربية : للعربية ثمانية وعشرون صامتاً هي : الباء، والتاء، والثاء، والجيم، والحاء، والخاء، والدال ، والذال ، والراء، والزاي، والسين، والشين، والصاد، والضاد، والطاء، والظاء والعين، والغين، والفاء، والقاف، والكاف، واللام، والميم، والنون، والهاء، والواو ، والياء، والهمزة.

الحروف وتأدياتها:

يقسم سيبويه حروف العربية إلى حروف أصلية عددها تسعة وعشرون (أي الثمانية والعشرون التي ذكرنا- مضافاً إليها الألف، وحروف فرعية بعضها مستحسن مثل النون الخفيفة،

---

(1) الأصوات العربية, ص161.

وهمزة بين بين، والألف الممالة، والشين التي كالجيم، والصاد التي كالزاي، وألف التفخيم. وبعضها قبيح كالكاف التي بين الجيم والكاف ، والطاء التي كالتاء، ... الخ)[1].

ويقسمها ابن سينا إلى (تسعة وعشرين حرفاً أصلية).

وإذا حاولنا تضييق هذه التأديات التي يقال إن بعضها مستهجن استعمله العرب الذين خالطوا الأعاجم ، فإنه بإمكاننا أن نقسمها إلى ما يلي :

- حروف فقدت جزءاً من جهرها : الجيم التي كالشين، الباء التي كالفاء.
- حروف مهموسة أُديت بشيء من الجهر : الشين التي كالجيم.
- حروف فقدت جزءً من تفخيمها : الضاد الضعيفة، الصاد التي كالسين، الطاء التي كالتاء، الظاء التي كالثاء.
- حروف تغير مخرجها وهي غالباً ما تكون أصلية حولت إلى صفيرية : الجيم التي كالزاي ، والشين التي كالزاي.
- أما الجيم التي هي كالكاف فهي بدون شك الجيم القاهرية (المهرية) (g) التي ما هي إلا كاف مجهورة.
- القاف التي هي بين القاف والكاف وهي غالباً حرف الـ (g) الحالي الذي نسمعه في (قال) عند البدو في الجزائر وفي معظم الأقطار العربية.
- الباء التي كالفاء هي إما باء فقدت جهرها فصارت (p) إو حافظت على الجهر وصارت شفوية اسنانية (v) أو أصبحت رخوة محافظة على الجهر والمخرج : (B) وهذا الاختيار الأخير هو الأرجح[2]، هذه التأديات في معظمها حرة، ولكن هناك تأديات مقيدة يفرضها السياق وأشهرها : الراء المنفتحة ، وكذلك اللام التي تعرف وضعاً مرققاً ووضعاً مفخماً ، والسين التي تصبح صاداً بجوار الطاء[3].

---

(1) رسالة أسباب حدوث الحروف, الفصل الرابع, ص114.

(2) الصوتيات والفونولجيا, ص87-89.

(3) الصوتيات والفونولجيا, ص88.

- الحركات العربية : نستعمل هنا مصطلح الحركة بمعنى الصائت، وللعربية ثلاث حركات : الفتحة والضمة والكسرة، يشار إليها بالرموز، ـَ ، ـُ ، ـِ ، أو / a / u / I / بالكتابة الفونولوجية الدولية، ومن اللغويين من يضاعف عدد الحركات فيرى أنها من : الثلاثة المذكورة وهي حركات قصيرة، وثلاثة طويلة وهي : الفتحة الممدودة / ـَا / أو /ـa/ أو /a:/.

الضمة الممدودة : /ـُو/ ، أو /ـu/ ، أو / u:/

الكسرة الممدودة : /ي/ ، أو /أ/ ، أو /: i/.

ولكننا إذا قارنا بين الحركات القصيرة والطويلة نرى أن الفتحة القصيرة مثلاً تتطابق في كل الصفات مع الفتحة الطويلة، والاختلاف لا يقع إلا على مستوى زمان النطق[1]. هذه الخلاصة هي ما أشار إليها ابن سينا بقوله : (ثم أمر هذه الثلاثة عليَّ مشكل ولكني أعلم يقيناً أن الألف الممدودة المصوتة تقع في ضعف أو أضعاف زمان الفتحة ، وأنَّ الفتحة تقع في أصغر الأزمنة التي يصح فيها الانتقال من حرف إلى حرف...)[2]

ويعتري هذه الحركات تغيرات ثلاثة هي الإمالة والتفخيم والإشمام.

فالإمالة تخص الفتحة الممدودة التي تنطق في اتجاه الكسرة الممدودة ويقول القدماء بأن الألف تنطق في اتجاه الياء.

أما الاشمام فهو نطق الكسرة الطويلة في اتجاه الضمة الطويلة مثل : (قِيل ، بيَع) والإشمام يعنى استعارة رائحة صوت آخر[3].

---

(1) الصوتيات والفونولوجيا, ص89.

(2) رسالة أسباب حدوث الحروف, الفصل الرابع, ص126.

(3) الصوتيات والفونولوجيا, ص128, البحث الصوتي عند ابن يعيش, عبد الرؤوف إسماعيل محمد. رسالة ماجستير, 1999م, جامعة صدام للعلوم الإسلامية, العراق.

التداخل اللغوي Interference Language : يطلق متخصصو ميدان اكتساب اللغة عـلى ظاهرة الإدراك السمعي المرتبط بنظام كل لغة والتمييز الصوتي القائم على الملامح الفارقة مـن وجهة نظر آذان أبناء اللغة، بالتداخل اللغوي فالأصوات التي يصـدرها البشر ـ عديدة متنوعـة وقد اختصت كل لغة من لغات البشر ببعض منها وليس كلها . وقد يتشابه بعض الأصوات بـين لغتين أو أكثر ولكنه لا يمكن أن تتطابق لغتان بالنسبة لنوع واحد مـن الأصوات تمـام التطابق فلكل لغة خصائصها النطقية المميزة وعاداتها الصوتية المختلفة. وتؤثر هذه العادات النطقيـة الخاصة بنطق لغة ما على نطق لغة أُخرى أجنبية[1]. فمثلاً ينطق غـير العرب صـوت الجيم العربية، بعدة صور أوردها ابن سينا كل حسب لغته الأم[2], فمثلاً الـتركي ينطق الـواو العربية بنطق أقرب إلى صوت (V) الإنجليزية[3].

وقد أورد ابن سينا أصواتاً "حروفاً" لا توجد في لغـة العرب ولكنها تشـبه بعض أصوات العربية في بعض الملامح الصوتية أو تشترك معها في بعض الخصائص، فيقول ابن سينا : (وهـا هنا حروف غير هذه الحروف تحدث بين حرفين مما تجانس كل واحد منها بشركة في سببه)[4], وهذه الإشارة لابن سينا تـدل عـلى إدراك ابـن سينا للواقع السيكلوجي "النفسي-" للفونيم "الحرف" باعتباره صورة ذهنية مجردة وإدراكه للفرق بين هـذه الصـورة وبين تنـوع تحقيقها الفعلي عند أبناء اللغة وعند غير أبناء اللغة[5]. فالسين مثلاً صورة ذهنية مجردة تحققت شبيهة بالصاد وتحققت شبيهة بالزاي[6].

(1) علم الأصوات عند ابن سينا, ص73.

(2) المصدر نفسه, ص73.

(3) الأصوات عند ابن سينا, ص73.

(4) رسالة أسباب حدوث الحروف, الفصل الخامس, ص127.

(5) الأصوات عند ابن سينا, ص74.

(6) أصوات اللغة عند ابن سينا, ص74.

الحروف التي تشبه الجيم العربية

يقول ابن سينا : (فمن ذلك الكاف الخفيفة التي ذكرناها وحروف تشبه الجيم وهي أربعة : منها الحرف الذي ينطق به في أول "البئر" بالفارسية وهو "جاه"، وهذه الجيم يفعلها إطباق من حروف اللسان أكثر وأشد وحفظ للهواء عند القلع أقوى. ونسبة الجيم العربية إلى هذه الجيم نسبة الكاف غير العربية إلى الكاف العربية. ومنها حروف ثلاثة لا توجد في العربية والفارسية، ولكن توجد في لغات أخرى، وكلها يتبين فيها ما في الجيم من استعمال رطوبة بفعل حبسها، وهي الرطوبة المعدة وراء الحبس وتكون علتها اعتماد الهواء عند الإطلاق فإذا سلبت هذه الرطوبة واعتمد الجزء الذي وقع عليه الحبس حدث هناك همس)، وتارة تضرب إلى شبه الزاي وتارة تضرب إلى شبه السين، وتارة تضرب إلى شبه الصاد)[1].

فهذه حروف سمعها ابن سينا من لغات أخرى غير اللغة العربية، فالصوت الذي سمعه من أفواه الفرس حين ينطقون بالكلمة الفارسية "جاه" ومعناها البئر. وهذا الصوت هو الذي يرمز إليه في الإنجليزية ch تش[2].

وهناك ثلاثة أصوات يرى أنَّ الأول منها يضرب إلى شبه الزاي، وأنَّ الثاني يضرب إلى شبه السين، وأنَّ الثالث يضرب إلى شبه الصاد[3].

وقد لاحظ ابن سينا أن فونيم الجيم العربية "ج" يمكن أن يتحقق -حسب السياق الصوتي- في صورة نطقية يبينه الشكل التالي:

---

(1) أسباب حدوث الحروف, الفصل الخامس, ص128.

(2) أصوات اللغة عند ابن سينا, ص189.

(3) المصدر نفسه, ص189.

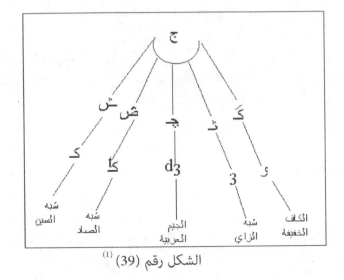

الشكل رقم (39) [1]

ولعل عناية ابن سينا بعلوم اليونان واتصاله بلغتهم جعله يصف لنا أصواتاً سمعها في اللغة اليونانية القديمة، وتشتمل اللغة اليونانية القديمة على حرفين يسميان (زيتا، كسْ)، والأول ينطق به حين يليه صوت لين مركب Diphthong ، كذلك الصوت الأول الذي وضعه ابن سينا DZ، أما الحرف الثاني (كسْ) فهو الذي نراه في بعض اللغات الأوروبية الحديثة ويرمز له بالرمز (×) وينطق به في اليونانية القديمة كأنه يبدأ بالكاف وينتهي بالسين أي مثل الكلمة الإنجليزية Express. على أننا في بعض الكلمات الإنجليزية نسمع السينية في هذا الصوت مفخمة كأنما هي صادية مثل Exultation ولكن لا يعدان في مثل هذه الحالة إلا فونيما واحداً ، أي أنَّ ما يشبه الصاد يعد لوناً من ألوان السين لا يتغير له المعنى ، فليس الأمر كاللغة العربية التي تجعل كلاً من السين والصاد فونيماً مستقلاً يتغير له المعنى مثل (صبر، سبر) . فلعل ابن سينا قد سمع الحرف اليوناني (كسْ) ينطق به غالباً

---

(1) ينظر علم الأصوات عند ابن سينا, ص75.

منتهياً بالسين وفي قليل من الأحيان منتهياً بما يشبه الصاد ، فوصف لنا الحالين وعبر عن الأول بأنه يضرب إلى شبه السين، وعن الثاني بأنه يضرب إلى شبه الصاد[1].

السين الزائية، الزاي السينية:

يقول ابن سينا: (ومن ذلك سين رائية تكثر في لغة أهل خوارزم، وتحدث بأن تتهيأ الهيئة التي عن مثلها تحدث السين، ثم يحدث في العضلة الباطحة للسان إرتعاد كما يحدث في الزاي يلزم ذلك الارتعاد مماسات خفية غير محسوسة يحتبس لها الهواء احتباسات غير محسوسة فتضرب السين بذلك إلى مشابهة الزاي)[2]. ويقول أيضاً : (ومن ذلك زاي سينية شبيهة في اللغة الفارسية عند قولهم (زرد) وهي سين لا تقوى ولكنها تعرض باهتزاز سطح طرف اللسان والاستعانة بخلل الأسنان)[3].

ويرى الدكتور محمد الضالع: (أن ابن سينا قد أدرك قضية التقابل الفونيمي، وأن ابن سينا قد استعان بأصوات لغات أخرى يعرفها، وقد بين أنَّ تقارب الأصوات المتغيرة "الألوفونات" من بعضها لدرجة التداخل فيما بينها مما يسبب تحايداً صوتياً بسبب الإدغام وهذا ما يطلق عليه في المفهوم الأدوروبي مصطلح neutralization فمن ذلك السين الصادية والسين الزائية والزاء السينية ...)[4] وهذه الأمثلة جيدة لوصف تداخل الأصوات المحققة فعلاً بسبب بعض العمليات الفونولوجية من تماثل وتخالف وانتشار بعض ملامح التميزية، أما د. إبراهيم أنيس فيذهب إلى القول : (والصوت الأول فيما يبدو "سين" جهر بها قليلاً ما شبهت الزاي ، والثاني "زاي" همس بها قليلاً فأشبهت "السين" والنتيجة واحدة في كلتا الحالتين، وإنما اعتبرهما صوتين مختلفين لاختلاف الرمز لهما في

(1) أصوات اللغة عند ابن سينا, ص182.

(2) أسباب حدوث الحروف, الفصل الخامس, ص129.

(3) المصدر نفسه, ص129.

(4) علم الأصوات عند ابن سينا, ص74-75.

هاتين اللغتين المختلفتين. أو ربما كانا صوتين يختلفان اختلافاً ضئيلاً جداً، ولكن الأذن المرهفة لابن سينا قد أحست بهذا الفرق، ونطق الفرس الزاي السينية كما يصفه ابن سينا يشبه إلى حد كبير نطق الألمان الآن حين يميلون إلى تهميس الزاي، ولعل هذا النطق الفارسي للزاي لا يزال سائداً بين أهل إيران حتى الآن)[1].

الزاي الظائية:

يقول ابن سينا: (وزاي ظائية يكون وسط اللسان فيها أرفع والاهتزاز في طرف اللسان خفي جداً وكأنه من الرطوبة فقط). وأثرها على تجاور الأصوات وموقعها فمثلاً في صيغة استفعل لكلمة مثل اصطبر أصلها (ص ب ر) ثم وضعت في صيغة استفعل فصارت التاء طاء بسبب تماثلها مع الصاد المطبقة قبلها فصارت السين إذن سيناً صادية. واستخدم ابن سينا لمثل هذا الوصف "سين صادية" على هذا الترتيب وسيلة بارعة للإشارة بالكلمة الأولى فونيم السين /ء/ وبالكلمة الثانية إلى متغير هذا الفونيم أولوفون [ء].

يقول د. إبراهيم أنيس: (هذا الصوت وإن لم ينسبه ابن سينا إلى لغة معينة يبدو أنه نطق الفرس للظاء العربية، وهو نفس الظاء العامية التي تجري على ألسنتنا الآن،أي التي لا نخرج معها طرف اللسان. وتعد الظاء العامية من الأصوات العربية وإن لم يرمز لها القدماء برمز خاص ، فنحن نسمعها في بعض القراءات القرآنية ولا سيما في قراءة الكسائي لمثل قوله تعالى : (حتى يصدر الرعاء وأبونا شيخ كبير) فالكسائي يجهر بالصاد في "يصدر" وحتى يجهر بالصاد أصبحت تلك الظاء العامية، فلا فرق بين الصاد وهذه الظاء إلا في صفة الجهر والهمس، أي أنَّ الوترين الصوتيين يتذبذبان مع هذه الظاء العامية هي في الحقيقة زاي مفخمة، ولذلك حين وصف أصحاب القراءات قراءة الكسائي قالوا عنها "اشمام الصاد صوت الزاي".

---

(1) أصوات اللغة عند ابن سينا, ص182.

وأما الإشمام في الصوامت، فهو أن تُشرب الصوت بعضاً من وصفه الصوت الآخر باختلاف درجات، نحو اشمام الصاد صوت الزاي بقراءة قوله تعالى (اهدنا الصراط المستقيم) بقوله "اهدنا الزراط المستقيم" وهي قراءة سبعية صحيحة.. (قراءة الإمام حمزة بروايتي خلف وخلاد) وقد روى بها خلف في كل المواقع في القرآن، وأما خلّاد اختلف عنه فروى عنه بعضهم الإشمام في الفاتحة فقط [1].

الفاء الشبيه بالباء:

يقول ابن سينا: (وها هنا فاء تكاد تشبه الباء وتقع في لغة الفرس عند قولهم الصوت من الشفة فيها أكثر وضغط الهواء أشد حتى يكاد أن يحدث بسببه في السطح الذي فيه باطن الشفة اهتزاز) [2]. ذهب د. إبراهيم أنيس إلى القول أن ابن سينا نسب هذا الصوت للغة الفارسية وضرب له مثلاً بكلمة فارسية هي "فرندي" التي معناها العنكبوت في حالة التكبير، ولما كتب الفرس لغتهم بحروف عربية لم يجدوا بين أبجديتنا ما يرمزون به لهذا الصوت، فاختاروا له الرمز العربي الخاص بالواو ونطقوها "V" كما هو الشأن في الألمانية الحديثة، فابن سينا هنا يعني ذلك الصوت المشهور في بعض اللغات الأوروبية الحديثة وهو "V" أما وجه الشبه بينه وبين الباء فهو أن كلا من الباء وهذا الصوت من المجهورات أي يتذبذب معها الوتران الصوتيان ولا فرق بين الفاء وهذا الصوت إلا في صفة الجهر والهمس، فالفاء مهموسة ونظيرها المجهور الفارسي) [3].

الباء المشدودة:

---

(1) شرح طيبة النشر, لمحمد بن محمد بن الجزري, ضبطه وعلق عليه أنس مهرة, ط1, 1997م, دار الكتب العلمية, بيروت – لبنان, ص50.

(2) رسالة أسباب حدوث الحروف, الفصل الخامس, ص128.

(3) أصوات اللغة عند ابن سينا, ص183.

يقول ابن سينا: (ومن ذلك الباء المشدودة الواقعة في لغة الفرس عند قولهم "بيروزي" وتحدث بشد قوي للشفتين عند الحبس وقلع بعنف وضغط الهواء بعنف)[1].

يعقب على هذا النص د. إبراهيم أنيس بقوله: (ضرب لنا ابن سينا مثلاً لهذا الصوت بالكلمة الفارسية "بيروزي" ومعناها النصر. وتبين لنا من هذا المثل أنه يعني ذلك الصوت المألوف في كثير من اللغات الأوروبية والذي يرمز له بالرمز P ولا فرق بين هذا الصوت والباء العربية إلا أن الباء العربية مجهورة ونظيرها المهموس هو هذا الصوت الفارسي، وقد رمز له القدماء بباء تحتها ثلاث نقط)[2].

الراء الغينية:

يقول ابن سينا: (ومن ذلك راء غينية نسبتها إلى الراء نسبة هذه السين الخوارزمية إلى الزاي والسين، وتحدث بأن يفرغر[3] بالهواء التفرغر الفاعل للغين ، ثم يرعد طرف اللسان أو يحدث في صفاق المنخر الداخل ذلك الارتعاد فتحدث راء غينية)[4].

الراء اللامية:

يقول ابن سينا: (وأيضاً راء لامية تحدث بأن لا يقتصر على ترعيد طرف اللسان، بل ترخى العضلات المتوسطة للسان وتشنج طرفيه حتى يحدث بعد طرف اللسان تقبيب ويعتمد بإرسال الهواء في ذلك التقبيب والرطوبة التي يكون فيه ويرعد طرف اللسان)[5].

---

(1) رسالة أسباب حدوث الحروف, الفصل الخامس, ص129.

(2) اصوات اللغة عند ابن سينا, ص183.

(3) أورد الأزهري في تهذيب اللغة قوله: (يقال فغر الرجل فاه, يفغره فغرا: إذا شحاه (إذا فتحه) وهو واسع فغر الفم), ج3, ص2810.

(4) رسالة أسباب حدوث الحروف, الفصل الخامس, ص129.

(5) رسالة أسباب حدوث الحروف, الفصل الخامس, ص129.

اللام المطبقة:

يقول ابن سينا: (وها هنا لام مطبقة نسبتها إلى اللام المصروفة نسبة الطاء إلى التاء، وتكثر في لغة الترك وربما استعملها المتفيهق من العرب) [1].

الميم والنون:

يقول ابن سينا: (والميم والنون قد يكون منهما ما يقتصر على الدوي الحادث من الهواء في تجويف آخر المنخر ولا يردف حبسه عند الإطلاق تحفز الهواء إلى الخارج، وهذا كفتة مجردة) [2].

ويرى د. محمد الضالع أن ابن سينا قد أدرك بوضوح العلاقة التناسبية بين الفونيمات (ونعني بها علاقة الفونيمات ببعضها البعض داخل المنظومة الصوتية في اللغة)، وقد لاحظ ابن سينا هذا التناسب واستخدمه في وصف العلاقات بين بعض الأصوات إيجازاً ودقة في لغته العلمية، فمثلاً يصف العلاقة بين الأصوات : /خ/ ، /ق/ ، /غ/ ، /ك/ بالتناسب الآتي :

"ونسبة الكاف إلى الغين هي نسبة القاف إلى الخاء"، ويبدو أن هذا التناسب يشير إلى العلاقة بالنسبة للمخرج أي درجة البعد أو القرب من اللهاة، فيقول في وصف مخرج الخاء : (فإنها تحدث من ضغط الهواء إلى الحد المشترك بين اللهاة والحنجرة) وفي وصف القاف (تحدث حيث تحدث الخاء ولكن بحبس تام)، وفي وصف الغين : (فهو أخرج من ذلك يسيراً) وفي وصف الكاف : (فإنها تحدث حيث تحدث الغين وبمثل سببه، إلا أن حبسه حبس تام). وإذا كان هذا التناسب يشير إلى العلاقة بالنسبة للهمس والجهر معنى ذلك أن القاف كانت تنطق مجهورة، أي ما يرمز في الأبجدية الصوتية العالمية [G] وهذا معروف في

---

(1) رسالة أسباب حدوث الحروف, الفصل الخامس, ص129.

(2) رسالة أسباب حدوث الحروف, الفصل الخامس, ص128.

تاريخ اللغات، فالعلاقة بالنسبة للمخرج يمكن وصفها تناسبياً كما وصفها على النحو التالي
: ك/غ = خ/ق) [1].

ويصنف ابن سينا العلاقة التناسبية بين الصوائت بقوله: (أعلم يقيناً أن الألف الممدودة
المصوتة تقع في ضعف أو أضعاف زمان الفتحة ...) [2]

أما الصوائت فقد جعلتها في نهاية فصل مخارج الحروف وصفاتها.

---

(1) علم الأصوات عند ابن سينا, ص77-78.
(2) رسالة أسباب حدوث الحروف, الفصل الرابع, ص126.

الصوائت

في اللغة العربية الفصحى صوائت طويلة، هي الفتحة الطويلة (الألف الممدودة أو المقصورة) والياء المسبوقة بكسرة والواو المسبوقة بضمة، بالإضافة إلى صوائت قصيرة، هي الفتحة والضمة والكسرة، تتفق مع المجموعة الأولى في المخارج والصفات باستثناء الطول فقط[1].

فأصوات العلة أو الحركات هي الأصوات المجهورة التي يحدث في تكوينها، أن يندفع الهواء في مجرى مستمر خلال الحلق والفم وخلال الأنف معهما أحياناً، دون أن يكون هناك عائق يعترض مجرى الهواء اعتراضاً تاماً، أو تضيق لمجرى الهواء[2].

ويعرفها دانيال جونز بأنها "أصوات مجهور يخرج الهواء عند النطق بها على شكل مستمر من البلعوم والفم دون أن يتعرض لتدخل الأعضاء الصوتية تدخلاً يمنع خروجه، أو يسبب فيه احتكاكاً مسموعاً[3]".

فأصوات العلة مجهورة بمعنى أن الوترين الصوتيين يهتزان عند حدوث أي صوت.

وصف الخليل بن أحمد الحركات بأنها هوائية لا حيز لها، ووصفها سيبويه أنها حروف خفية اتسع مخرجها[4]. أما ابن سينا فسماها المصوتات حيث يقول (.... وأما الألف

---

(1) قضايا لغوية في ضوء الألسنية, د.عبد الفتاح الزين, ط1, 1987 الشركة العالمية للكتاب, دار الكتاب اللبناني, ص80.

(2) القيمة الوظيفية للصوائت (دراسة لغوية), د.ممدوح عبد الرحمن, بدون طبعة, 1998م, دار المعرفة الجامعية, مصر, ص13.

(3) المصدر نفسه, ص14.

(4) الحركات في اللغة العربية, دراسة في التشكيل الصوتي, زيد خليل القرالة, الجامعة الأردنية, رسالة ماجستير, 1994.

المصوتة وأختها الفتحة .... وأما الواو المصوتة وأختها الضمة ... وأما الياء المصوتة وأختها الكسرة...)[1].

الحركة: هي صوت هوائي ليس له مخرج محدد كغيره من الأصوات، وأن الصوت يأتي على نوعين حسب كميته : صوت قصير وهو ما عرف بالحركة ، وصوت طويل وهو ما عـرف بحرف المد[2].

وعرفها د. محمود السعران بقوله : (يحـدد الصائت في الكلام الطبيعي بأنـه الصوت المجهور الذي يحدث في تكوينه أن يندفع الهواء في مجرى مستمر خلال الحلق ، والفم، وخلال الأنف معهما أحياناً، دون أن يكون ثمة عائق يعترض مجرى الهواء اعتراضاً تاماً أو تضيق لمجرى الهواء من شأنه أن يحدث احتكاكاً مسموعاً)[3].

مواضع الحركات:

يشير الأزهري في حديثه عـن الهمـزة إلى المواضـع النطقيـة للحركات إذ يقول : (والياء، والواو ، والألف اللينة منوطات بها، ومدارج أصواتها مختلفة، فمدرجة الألف شاخصة نحو الغار الأعلى، ومدرجة الياء منخفضة نحو الأضراس، ومدرجة الـواو بـين الشـفتين، وأصلهن مـن عند الهمزة)[4].

---

(1) رسالة أسباب حدوث الحروف, الفصل الرابع, ص126.

(2) الحركات في اللغة العربية, ص10.

(3) علم اللغة (مقدمة للقارىء العربي) د.محمود السعران, بدون طبعة, 1962م, دار النهضة, بيروت, ص148.

(4) تهذيب اللغة, أبو منصور محمد بن أحمد الأزهري, تحقيق عبد السلام هارون, الدار المصرية, مصر, 1964م, ج1, ص51.

وقد عرض ابن جني للمواضع النطقية للحركات من خلال الأعضاء النطقية العاملة في إنتاجها بقوله : والحروف التي اتسعت مخارجها ثلاثة : الألف ، ثم الياء، ثم الواو، وأوسعها وألينها الألف [1] ...

ثم عقب زيد القرالة على قول ابن جني السابق بقوله : ((فلما اختلفت أشكال الحلق والفم والشفتين)) يُستنتج أنه يحدد الحلق موضعاً لإنتاج الضمة، وهذا الفهم عند ابن جني ينم عن دقة تأمله في إنتاج الأصوات. غير أن الأولى أن نجعل عملية إنتاج هذه الأصوات مشتركة بين الأعضاء الثلاثة التي ذكرها : الحلق ، والفم، والشفتين، والمقصود بالفم هو اللسان وما يتعرض له من ضغط الأسنان وانزلاق الحنك السفلي ليترك فجوة للهواء بين ظهر اللسان والحنك الأعلى [2].

والسبب في جعل عملية إنتاج هذه الأصوات مشتركة بين الأعضاء الثلاثة الملازمة في عملها فالكسرة تتطلب أن يأخذ الحلق والشفتان وضعاً خاصاً لإنتاجها إضافة لوضع اللسان، فالحلق ينقبض ويضيق مجرى الهواء فيه عن وضعه الطبيعي، والشفاه تنفرج بما يناسب وضع الكسرة .... [3].

أما ابن سينا فيشير إلى المواضع النطقية للحركات بقوله : (وأما الألف المصوتة وأختها الفتحة فأظن أن مخرجها مع إطلاق الهواء سلساً غير مزاحم، وأما الواو المصوتة وأختها الضمة، فأظن أن مخرجها مع إطلاق الهواء مع أدنى تضييق للمخرج وميل به سلس إلى فوق. وأما الياء المصوتة وأختها الكسرة فأظن أن مخرجها مع إطلاق الهواء مع أدنى تضييق وميل به سلس إلى أسفل) [4].

(1) سر صناعة الإعراب, ج1, ص8.
(2) الحركات في اللغة العربية, ص14.
(3) الحركات في اللغة العربية, ص15.
(4) رسالة أسباب حدوث الحروف, الفصل الرابع, ص126.

ويلاحظ من كلام ابن سينا أن المخرج في ذهنه يكمن في اتجاه الهواء من خلال وضعية اللسان، فالهواء في الضمة يتعرض للتضييق من خلال انقباض عضلات اللسان وما ينتج عنه من تضييق لمجرى الهواء والإتجاه به إلى الأعلى للوصول به إلى الشفتين ليظهر الصوت بمرحلته الأخيرة. أما الكسرة فيضيق مجرى الهواء لإنتاجها مع خفض الحنك السفلي وخفض مقدمة اللسان ليندرج الهواء إلى الأسفل [1].

---

(1) الحركات في اللغة العربية, ص16.

الكمية الزمنية في الحركات العربية

تتباين الآراء في كمية الحركات العربية وخاصة كمية الحركات الطويلة بالنسبة للقصيرة.

أولاً : الكمية الزمنية في الحركات القصيرة.

أ- الحركات القصيرة المتبوعة بمجهور أو مهموس:

يقول داود عبده : (والعلة الواقعة قبل صحيح مجهور تكون أطول من نظيرتها الواقعة قبل صحيح غير مجهور) [1] وقد أجرى زيد القرالة [2] تجربة على الفتحة الواقعة بعد صوت الكاف في كلمة (كتب /Kataba) وخلص إلى القول : (ومن خلال التجربة فقد ثبت أن الحركة المتبوعة بصامت مجهور أطول من الحركة المتبوعة بصامت مهموس، وعلة ذلك أن الحركات أصوات مجهورة وعندما تكون متبوعة بصامت مهموس، وذلك بسبب تداخل عملية الجهر، فالانتقال من مجهور إلى مجهور لا يستدعي تغيير وضعية الوترين الصوتيين، ولو حصل بعض التغيير في هذه الوضعية فإنه تغيير محدود يبقى ضمن دائرة واحدة. ومن هنا فإن الجهر المؤدي إلى إنتاج الحركات يبقى مستمراً إلى أن تبدأ مرحلة إنتاج الصامت المجهور اللاحق، للحركة ، ومن هنا فإن كمية الحركات المتبوعة بمجهور تزيد على الحركات المتبوعة بمهموس ، وذلك بسبب تداخل الجهر بين الحركة والصامت اللاحق المجهور ...) [3]

---

(1) دراسات في علم أصوات العربية, داود عبده, بدون طبعة 1970م, مؤسسة الصباح - الكويت, ص31.

(2) في رسالته الحركات العربية, ص34-35.

(3) الحركات في اللغة العربية, ص34-35.

ب-الحركات القصيرة المتبوعة بصامت وقفي أو استمراري مجهور أو مهموس: تتأثر الكمية في الحركة كذلك حسب طبيعة الصامت من حيث هو استمراري أو وقفي ، فقد تقع الحركة متبوعة بصامت مجهور، ولكنها تختلف في كميتها حالة وقوعها قبل صامت مجهور استمراري عنها حالة وقوعها قبل صامت مجهور وقفي. وقد أشار بعض العلماء إلى هذه العوامل المؤثرة حيث يقول برتيل مالمبرج : (إن كمية الحركة تعتمد على الساكن التالي لها فالحركة إذا تلاها ساكن احتكاكي أطول منها إذا تلاها وقفي) [1] . وقد أشار داود عبده إلى الصامت الاستمراري اللاحق للحركة وأثره في زيادة كميتها [2] . وقد أجرى زيد القرالة تجربة كان نتيجتها أن الحركة المتبوعة بصامت استمراري مجهور أطول من الحركة المتبوعة بصامت وقفي مجهور [3] .

ثانياً الكمية الزمنية في الحركات الطويلة

أ-   الحركات الطويلة المتبوعة بمجهور أو مهموس استمراري أو وقفي:

عندما أشار العلماء إلى أن الحركات المتبوعة بمجهور أطول منها عندما تكون متبوعة بمهموس فإن كلامهم لم يكن مقتصراً على الحركات القصيرة ، بل كان المقصود بذلك الحركات بنوعيها : الطويلة والقصيرة، وقد أشار د. إبراهيم أنيس إلى تأثير كمية الحركة بالصامت اللاحق بقوله : (ومما لاحظه المحدثون أن صوت اللين يزداد طولاً إذا وليه صوت مجهور) [4] . وخلص زيد القرالة من خلال تجربة أجراها على كلمتي (قال ، وقاس)، بقوله : (ومن خلال هذه التجارب يظهر الفرق في الكمية بين الحركة الطولية المتبوعة بمجهور استمراري ، والحركة الطولية المتبوعة بمهموس استمراري ، فقد زادت

(1) علم الأصوات, ص101.
(2) دراسات في الأصوات العربية, ص31.
(3) الحركات في اللغة العربية, ص36.
(4) الأصوات اللغوية, ص159.

كمية الحركة الطولية المتبوعة بمجهور على كمية الحركة المتبوعة بمهموس استمراري). ثم يردف القول بقوله : (وأحسب أن العلة في زيادة كمية الحركة المتبوعة بمجهور على كمية الحركة المتبوعة بمهموس تعود إلى طبيعة عمل الوترين الصوتيين، وذلك لتداخل الجهر بين الحركات والصوامت المجهورة اللاحقه لتلك الحركات. أما الحركة الطولية المتبوعة بصامت وقفي مهموس أو مجهور، فقد تبين أن كميتها تختلف تبعاً للصامت اللاحق لها.

ب- الحركات الطولية المتبوعة بصامت مجهور استمراري أو وقفي:

أجرى زيد القرالة تجربة لرصد كسية الضمة الطويلة المتبوعة بمجهور استمراري، وعندما تكون متبوعة بمجهور وقفي ، وخلص إلى أن كمية الضمة الطويلة المتبوعة بمجهور استمراري أطول من كمية الضمة المتبوعة بمجهور وقفي[1].

ج- الحركة الطولية المتبوعة بصامت مضعف استمراري أو وقفي:

يشير زيد القرالة بقوله (ومن خلال التجربة فإن الحركة المتبوعة بصامت مضعف استمراري أطول من الحركة المتبوعة بصامت مضعف وقفي، فالجهر مشترك بين صوتي اللام والدال، وكلاهما مضعف، والفرق بينهما أن اللام صامت استمراري، والدال صامت وقفي)[2]. هذا بعدما أجرى تجاربه على كلمتي (راد)، و(ضال)، وقد علل ابن جني تمادي كمية الحركة عندما تكون متبوعة بصامت مضعف بقوله : (وأما سبب نعمتهن ووفائهن إذا وقع المشدد بعد عن فلأنهن -كما ترى- سواكن، وأول المثلين مع التشديد ساكن، فيجفو عليهم أن يلتقي الساكنان حشوا في كلامهم، فحينئذٍ ما ينهضون بالألف بقوة الاعتماد عليها، فيجعلون طولها ووفاء الصوت لها عوضاً مما كان يجب لالتقاء الساكنين من تحريكهما ...)[3].

---

(1) الحركات في اللغة العربية, ص43-44.

(2) نفس المصدر, ص45.

(3) ابن جني, (أبو الفتح عثمان), الخصائص, تحقيق محمد علي النجار, بدون طبعة, 1986م, دار الكتاب العربي- لبنان, ج3, ص124-126.

بينما يرى د. إبراهيم أنيس : (أن أصوات المد تقصير عندما يليها صوتان ساكنان، وهذا من نسيج العربية، وحرصاً على صوت المد وإبقاء على ما فيه من طول فقد بولغ في طوله لئلا تصيبه تلك الظاهرة).

ويعلق زيد القرالة بقوله (وقد تعود العلة في زيادة كمية الحركات في هذه الحالة إلى الوضعية التي تأخذها أعضاء النطق نطق مضعف، حيث تتريث الأعضاء النطقية في إنتاجها للضعف، ومن هنا تتأثر الحركة السابقة بهذا التريث فتزداد كميتها مماثلة للصوت اللاحق من حيث الكمية).

ويخلص زيد القرالة إلى القول [1] : (ومن خلال التجارب المخبرية التي جاءت لمحاولة رصد كمية الحركات بنوعيها : القصيرة، والطويلة نخلص إلى الملاحظات التالية :

1- لا تنحصر ـ كمية الحركات الطولية في ضعف كمية الحركات القصيرة -بل تقع في ضعفها- في مواطن أخرى. ونسبة زيادة كمية الحركات الطولية عن ضعف كمية الحركات القصيرة أغلب وأشمل من نسبة حصرها في الضعف) [2].

وقد أصاب ابن سينا في إشارته إلى كمية الحركات الطولية بالنسبة لكمية الحركات القصيرة : إذ يقول : (ثم أمر هذه الثلاثة علي مشكل، ولكني أعلم يقيناً أن الألف الممدودة المصوتة تقع في ضعف، أو أضعاف زمان الفتحة، وأنَّ الفتحة تقع في أصغر الأزمنة التي يصح فيها الإنتقال من حرف إلى حرف، وكذلك نسبة الواو المصوتة إلى الضمة ، والياء المصوتة إلى الكسرة) [3].

فإشارة ابن سينا تبين إحساسه بتجاوز كمية الحركات الطويلة لضعف كمية الحركات القصيرة في بعض الحالات (فهي ضعف أو أضعاف). ومن هنا فإن رأي ابن سينا أدق من

---

(1) المصدر نفسه, ص50-51.

(2) الحركات في اللغة العربية, ص50-51.

(3) رسالة أسباب حدوث الحروف, الفصل الرابع, ص126.

آراء المحدثين الذين جزموا بأن الحركات الطولية تقع في ضعف الحركات القصيرة، فقد أشار أحمد الحمو إلى ذلك : (وإذا كان ابن سينا لم يقرر بشكل نهائي نسبة المصوت الطويل إلى القصير من حيث المدة الزمنية ، أهي ضعف أم أضعاف، فإن الرأي قد استقر حالياً على أن المصوت الطويل يعادل ضعف المصوت القصير، وأن الحركة تعادل من حيث زمنها نصف زمن حرف المدة) [1]. وقد أشار صلاح الدين حسنين إلى أن كمية الحركات الطويلة تساوي الضعف إلى كمية الحركات القصيرة) [2].

2- تتفاوت الحركات في كميتها، فيغلب عليها أن تكون الضمة أطول تليها الفتحة ثم الكسرة، وهذا التفاوت يمكن تحديده في الحركات الطولية، لأن الفرق في كميتها أظهر منه في القصيرة ، وهو تفاوت غير ثابت وقطعي بعكس ما يراه د. بسام بركة، حيث يرى أنه تفاوت ثابت[3].

3- تتفاوت كمية الحركات تبعاً لملامح الصوامت المجاورة وخاصة الصوامت اللاحقة، وذلك من حيث الجهر والهمس، والاستمرار والوقف، والتضعيف وعدمه[4].

ونستطيع أن نقول إن ابن سينا من خلال نصه السابق قد أدرك العلاقة بين الحركات الطويلة والحركات القصيرة وسبق بها من عاصره ومن تبعه إلى عصرنا هذا حيث ظهرت الأجهزة الحديثة التي أثبتت التجارب صحة ما ذهب إليه ابن سينا، ونلمح أمراً آخر من النص وهو الدقة والأمانة العلمية والتواضع حيث يقول وأمرها مشكل علي ...

---

(1) محاولة ألسنية في الإعلال, أحمد حمو, مجلة عالم الفكر, المجلد العشرون, العدد الثالث, الكويت 1989م.

(2) علم الأصوات العام, ص135.

(3) الحركات في اللغة العربية, ص51.

(4) المصدر نفسه, ص51.

النبر

النبر لغة: (استخدم علماء العربية القدماء مصطلح النبر للدلالة على الهمز وارتفاع الصوت في الكلام، فهذا الخليل يذهب في العين[1] إلى أن النبر :هو الهمزة وكل شيء دفع شيئاً فقد نبره. وعند الزمخشري[2] في أساس البلاغة : (وانتبر الجرح إذا تورم وارتفع مكانه، ونبرت الشيء : رفعته) وينقل ابن منظور[3] في لسان العرب أن : (النبر مصدر نبر ينبر نبراً ، همزة والمنبور المهموز، ويقال نبر الرجل إذا تكلم) ويذكر أيضاً : (وانتبر الخطيب، أي ارتفع صوته، والمنبر محل مرتفع سمي كذلك لارتفاعه، ورفع الصوت عليه)[4].

النبر اصطلاحاً: ذكر ابن سينا النبر بقوله : (حفز قوي من الحجاب، وعضل الصدر لهواء كثير ومن مقاومة الطرجهاري الحاصر زماناً لحفز الهواء ثم اندفاعه إلى الانقلاع بالفصل) [5]، وهذا يوافق ما جاء به أصحاب النظرة الوصفية من الفاتحة، وضغط الهواء معاً). فهذا إبراهيم أنيس يذهب إلى أن النبر هو نشاط في جميع أعضاء النطق في وقت واحد) [6]، ويشير د. داود عبده إليه بقوله : (هو علو في بعض مقاطع الكلمة (بالقياس إلى المقاطع الأخرى) يكون مصحوباً أحياناً بارتفاع في درجة الصوت Pitch وينتج هذا العلو من زيادة اندماج الهواء الخارج من الرئتين، حين يشتد تقلص عضلات القفص

---

(1) العين, ج7, ص245.

(2) أساس البلاغة, جار الله محمود بن عمر الزمخشري, بدون طبعة, 1979م, دار الفكر - لبنان, ص615.

(3) لسان العرب, ج14, ص18.

(4) الظواهر الصوتية في قراءة ابن كثير, علاء الدين أحمد غرايبة, رسالة ماجستير, جامعة اليرموك 1999م, ص130.

(5) رسالة أسباب حدوث الحروف, ص121.

(6) الأصوات اللغوية, ص118.

الصدري. أما ارتفاع درجة الصوت فتنتج من ازدياد النشاط العضلي في الحنجرة عند نطق المقطع المنبور)[1].

ويشير د. سمير ستيتة : (لاشك في أن الجهد العضلي الزائد أثراً في زيادة الوضوح السمعي للصوت)[2].

أما تمام حسان فيقول : (ازدياد وضوح جزء من أجزاء الكلمة في السمع عن بقية ما حله من أجزائها)[3].

ولم يكتف العلماء المتقدمون بهذا بل عرفوا أيضاً شكلاً من أشكال النبر هو (المطل سواء أكان ذلك مطل الصوامت أم كان مطل الصوائت. يقول ابن جني "فكما رسخ العرف في المد كان حينئذ محفوظاً بتمامه وتمادي الصوت به وذلك الألف ، ثم الياء، ثم الواو)[4]. يقول عبد القادر عبد الجليل : (وكأني بابن جني يؤشر الأشكال التي يقع من خلال النبر، وينعت صفاتها كي تحمل دلالات تميزية طولا وعلواً وانتشاراً) ، وقد عرف ابن جني ما اصطلح عليه علماء اللغة المحدثون بـ "نبر السياق").

أما مطل الحركات ، وهو ما سمي بالإشباع، فقد تنبه العلماء المتقدمون إلى أنه صورة من صور النبر، لكنهم ارتضوا بالتعبير عنه بـ "مطل الحركة" ويقول عبد القادر عبد الجليل بهذا الصدد : (فالمطل عند ابن جني ، في ما ورد ، هو زيادة قوة الإرتكاز بالإشباع أو التضعيف، إذا ما علمنا أنَّ الألف ضعف الفتحة والياء ضعف الكسرة، والواو ضعف الضمة، والقصد من هذا الإشباع زيادة الضغط على مقطع من المقاطع لإبرازه في السمع، لتحقيق غرض قصدي وهذا ما نلحظه فيما أورده ابن جني) وهذا ما ذهب إليه ابن سينا

---

(1) الظواهر الصوتية في قراءة ابن كثير, جامعة اليرموك - الأردن, ص133.

(2) المصدر نفسه, ص133.

(3) اللغة العربية معناها ومبناها, ص170.

(4) الخصائص, ابن جني, ج3, ص126.

بقوله : (ثم أمر هذه الثلاثة عليّ مشكل ولكني أعلم يقيناً أنّ الألف الممدودة المصوتة تقع في ضعف زمان الفتحة ...) وهذا ما تؤكده الدراسات الحديثة. إذ يقول د. إبراهيم أنيس: (أما العوامل المكتسبة التي تؤثر في طول الصوت اللغوي فأهمها النبر، ونعمة الكلام، وربما كان لنمو اللغة أثر أيضاً في طول الصوت أحياناً ، فالصوت المنبور أطول منه حين يكون غير منبور).

ولهذا يذهب علماء اللغة من اللغويين المحدثين[1] من أنّ علماء اللغة المتقدمين قد عرفوا النبر لكنهم عبروا عنه بمصطلحات أخرى للدلالة على هذا المعنى كالهمز، والعلو، والرفع، وقوة اللفظ والتضعيف ومطل الحركة.

وقد ذكر ابن سينا النبر في عدة مواقع وبين أهميته في سياق الكلام فيقول في المنطق - الخطابة : (وأما اللفظ المتخلخل، وهو المقطع مفرداً مفرداً، فهو شيء غير لذيذ، لأنه لا يتبين فيه الاتصال والانفصال في الحدود التي تتناهى إليها القضايا وغير القضايا أيضاً التي مثل النداء والتعجب والسؤال، إذا تمت فإن لكل شيء منها حداً وطرفاً يجب أن يفصل عن غيره بوقفة، أو نبرة، فيعلم وإن كان الكلام مقطعاً ليس فيه اتصالات وانفصالات، لم يلتذ به) [2].

ويقول أيضاً : (وللنبرات حكم في القول يجعله قريباً من الموزون . وكذلك فإن القول المنثور أيضاً قد يجعل بالمدات موزوناً)[3].

ولهذا نرى أن ابن سينا قد عرف النبر وذكره في مواضع مختلفة من كتبه وقد ميز بين نبر الكلمات، ونبر الجمل، وكذلك أهمية النبر الشعر والنثر.

---

(1) مدخل إلى علم الأصوات, رمضان عبد التواب, بدون طبعة 1978, دار الاعتصام, القاهرة = مصر, ص105, المصطلح الصوتي, عبد القادر مرعي, ص192, الأصوات العربية, عبد القادر عبد الجليل, ص241.

(2) الشفاء, المنطق - الخطابة, تحقيق سعيد زايد, تصدير وتقديم د.إبراهيم مدكور, ط1, 1975م, المكتبة العربية, وزارة الثقافة - مصر, ص222 - 223.

(3) المصدر نفسه, ص222 - 223.

اضطرابات اللغة والنطق وسبل علاجها

1. أهمية اللغة.
2. وظائف اللغة.
3. مراحل النمو اللغوي.
4. العوامل التي تساعد على اكتساب المهارات اللغوية.
5. اضطرابات اللغة والنطق.
6. أشكال اضطرابات اللغة والنطق.

- اضطرابات النطق.
- اضطرابات الكلام.
- اضطرابات الصوت.

7. أسباب اضطرابات النطق والكلام.
8. علاج اضطرابات النطق والكلام.
9. تمارين مساعد على النطق والكلام.
10. بعض النصائح للتعامل مع طفل مصاب باضطرابات اللغة.

اضطرابات اللغة والنطق وسبل علاجها

مقدمة:

تعد اللغة عامل أساسي من عوامل التكيف مع المجتمع ووسيلة أساسية من وسائل التواصل مع الآخرين، لذلك تستعمل اللغة للتعبير عن مشاعرنا وأفكارنا وتساهم بصورة أساسية في التعلم واكتساب المهارات، ويمكن أن نقول إننا نفكر باللغة. والطفل في اكتسابه للغة يمر بمراحل عديدة تبدأ من الصراخ إلى المناغاة ثم المحاكاة والتقليد ومن بعدها اكتساب لغة المجتمع الذي يعيش فيه، وهناك عوامل تساعد على اكتساب اللغة كالذكاء والوسط الاجتماعي وممارسة اللغة وتكرارها والبيئة اللغوية التي يعيش بها الطفل وعنصر التشجيع والفهم وغيرها من العوامل، ولكن أحياناً تتعرض اللغة لبعض الاضطرابات تتعلق بعيوب تصيب النطق كالحذف والإضافة والإبدال والتحريف أو عيوب تتعلق بالكلام كاللجلجة واللثغة وعسر الكلام والحبسة وتأخر الكلام، أو عيوب تتعلق بطبيعة الصوت شدته أو حدته أو اضطراب الخمخمة أو الخنف، ويمكن أن نرجع هذه الاضطرابات إلى عوامل عديدة عضوية أو نفسية أو أسرية ويتم علاج هذه الاضطرابات بوسائل عديدة كالعلاج الجسمي والكلامي لتصحيح النطق وزج الطفل في نشاطات مختلفة مع الأطفال الآخرين، و هناك تمارين ونصائح متعددة تساعد المربي أو المعالج على تصحيح عيوب النطق كتمرينات اللسان أمام المرآة والمحادثة وتوفير جو من الحب والثقة والاهتمام وغيرها من النصائح التي تفيد في تحسين استخدام اللغة أو النطق للأطفال المضطربين لغوياً، نسأل المولى سبحانه وتعالى الفائدة ومزيد من العلم والقدرة على رعاية المحتاجين ومد العون لهم.

أولاً – أهمية اللغة:

تعد اللغة أساس الحضارة البشرية، وعامل أساسي مـن عوامـل التكيـف مـع الحيـاة، وتمثل الوسيلة الرئيسة التي تتواصل بها الأجيال، فهي وسيلة للتفاهم والاتصال والتخاطب، ووسيلة هامة من وسائل النمـو العقلي والمعـرفي والانفعـالي، وتشمل اللغة المنطوق بها واللغة المكتوبة والإيماءات والإشارات والتعبيرات الوجهيـة التـي تصاحب سـلوك الكـلام، ويرتبط بمفهوم اللغة كل من النطق والكلام.

- **النطق:** هو مجموعة الحركات التي يؤديهـا جهـاز النطـق والحبـال الصـوتية أثنـاء إصدار الأصوات الفمية أو الأنفية.

- **الكلام:** هو عملية إحداث الأصوات الكلامية لتكوين كلمات وجمل لنقـل المشـاعر والأفكار من المتكلم إلى السامع.

والطفل عندما يولد تولد معه القدرة على النطق وفهم الكلام ولكنه يعتمـد في الشـهور الأولى على السمع ثم تتطور القدرة على النطق واستخدام لغة المجتمع الذي يحيا فيه، وهو بعد سن معينة لا يستطيع اكتساب أي لغة بشرية على الإطلاق.

ثانياً – وظائف اللغة:

تعتبر اللغة من المميزات الإنسانية، ووسيلة مهمة للتواصل والتفـاهم بـين البشر ـ ووصف مشاعرهم، كما أنها أهم وسيلة اتصال في المجتمع البشري الذي يحظى بوسائل اتصالية كثيرة، ويمكن أن نحدد أهم وظائف اللغة بما يلي:

1- **وظيفة التواصل:** يتيح التواصل المجـال للتعـرف عـلى آراء الآخـرين وأفكـارهم وتبـادل المعلومات بين الأفراد ومعرفة كل مـا هـو جديـد ونقـل الحضـارات والتقاليـد وترفيـه المجتمعات وتحقيق النظام والتكيف مع المجتمع، ويـرى "سـابير" أن مفردات اللغـة تعكس بصورة واضحة المحيط الطبيعي والاجتماعي للقوم الذين يتكلمونها.

2- **وظيفة التعبير:** حيث يتم التعبير باللغة عن المشاعر والأحاسيس والعواطف والانفعالات، ولولا اللغة بقيت تلك المشاعر رهينة بصاحبها لا يستطيع إبرازها.

3- **وظيفة التفكير:** يذهب الدكتور "طه حسين" في كتابه (مستقبل الثقافة في مصر-) إلى أننا نفكر باللغة وإنها أداة التفكير، ويرى "واطسن" أن الفكر ما هو إلا كلام، فعندما نفكر نتكلم فعلاً على الرغم من أن الكلام لا يكون مسموعاً.

ثالثاً - مراحل النمو اللغوي:

لا شك بأن اللغة تمر بمراحل عديدة قبل أن تأخذ الشكل الذي نتكلم فيه الآن، وقد قسم معظم الباحثين مراحل اكتساب اللغة عند الأطفال إلى :

1- **مرحلة الصراخ:** تبدأ هذه المرحلة بالصرخة الأولى، (صرخة الولادة)، حيث تمثل أول استعمال للجهاز التنفسي، ولهذه الأصوات في الأسابيع الأولى من حياة الطفل أهمية في تمرين الجهاز الكلامي عند الطفل ووسيلة للاتصال بالآخرين وإشباع حاجاته.

2- **مرحلة المناغاة:** تبدأ حوالي الشهر الخامس، يفتح الطفل فمه فتخرج منه أصوات (آغ آغ آغ)، ونتيجة دخول الهواء إلى تجويف الفم دون أي عائق يبدأ الطفل في نطق الحروف الحلقية المتحركة (آ آ)، ثم تظهر حروف الشفاه (م أ، ب ب)، ثم يجمع بعد ذلك بين الحروف الحلقية وحروف الشفاه (ما ما)، وعلى الأم أن تناغي مع طفلها لأن المناغاة هي الطريقة المثلى لتعلم اللغة فالطفل يحاكي بها ما يصل إليه من أصوات (أحرف وكلمات).

3- **مرحلة التقليد أو المحاكاة:** بعد أن ينطق الطفل ماما/ بابا، تأتي مرحلة الحروف السنية (د، ت)، ثم الحروف الأنفية (ن)، ثم الحروف الحلقية الساكنة (ك، ق، ع) وحتى هذه المرحلة لا يزال الطفل يفتقد معنى الكلمات ولكنه يبدأ محاولات التكلم كما يتكلم الآخرين، وعادة ما يحاول الطفل التكلم مع نفسه أو مع ألعابه، وهنا يجب علينا عدم المقاطعة لما لهذا الأمر من أهمية في تطور مقدرة الطفل على الكلام، وهناك فروق فردية بين الأطفال في القدرة على المحاكاة ونطق الكلمة

الأولى تبعاً لعوامل متعددة كالذكاء والسن وفرص الكلام المتاحة للطفل ووجود أطفال آخرين معه في الأسرة.

4- **مرحلة الكلام الحقيقي وفهم اللغة:** يبدأ فيها الطفل بالكلام ويفهم مدلولات الألفاظ ومعانيها ويظهر عادة في السنة الثانية، وثمة مراحل لتكوين الجملة بدءاً من الكلمة الواحدة مثال : (أمبوا)، وهذه المرحلة تسمى الكلمة الجملة، فعندما يقول الطفل لأمه (وليد) فإنه يقصد إبلاغ رسالة مفادها (لقد أخذ وليد لعبتي، ساعديني في استردادها)، ثم تأتي مرحلة الكلمتين، وتتضمن الكلمات ذات المحتوى الدال والهام بالنسبة للمعنى. مثال : (بابا - شغل). وفي نهاية الثلاث سنوات الأولى تتكون جملة من 5 إلى 6 كلمات. في السنة الرابعة يتشابه نظام الأصوات الكلامية بالذي لدى الكبار. في السنة الخامسة إلى السادسة تصبح اللغة في مستوى كامل من حيث الشكل والتركيب والتعبير بجمل صحيحة.

رابعاً – العوامل التي تساعد على اكتساب المهارات اللغوية:

إن العوامل المؤثرة في اكتساب اللغة ترجع إلى الفرد في بعضها، كما ترجع إلى البيئة الخارجية في بعضها الآخر، وفيما يلي فكرة عن بعض هذه العوامل:

1- **الممارسة والتكرار:** يجب أن تتم ممارسة اللغة بصورة طبيعية وفي مواقف حياتية متجددة.

2- **الفهم والتعلم:** كلما زاد التواصل والفهم زاد تفاعل الطفل وزادت رغبته في تعلم المزيد.

3- **التوجيه:** توجيه الأطفال لأخطائهم ضمن جو هادئ.

4- **القدوة الحسنة:** سواء من الأم أو الأخوة أو الأب أو المربين أو المدرسين أو التسجيلات والمخابر اللغوية.

5- **التشجيع والنجاح:** فهما يؤديان إلى تعزيز التعلم والتقدم فيه.

6- **الذكاء:** يرتبط المحصول اللفظي عند الأطفال بنسبة ذكائهم، حتى إن بعض علماء النفس يتخذون هذا المحصول أساساً لقياس الذكاء.

7- الوضع الصحي والحسي للطفل.

8- الوسط الاجتماعي والحالة الاقتصادية: أطفال البيئة الاجتماعية الموسرة يتكلمون تلقائياً ويعبرون بوضوح عن آرائهم، يرى "ديوي" إن الوسط الاجتماعي يعمل على تكوين العادات اللغوية ... والطفل يتعلم لغة أمه ويرتد إليها.

9- البيئة اللغوية: يرى علماء النفس اللغوي إن اكتساب مهارات أي لغة يتطلب وضع المتعلم في حمام لغوي، وقديماً فطن العرب لأهمية البيئة اللغوية فكانوا يرسلون أطفالهم إلى البادية لاكتساب اللغة السليمة التي لم تشبها رطانة المدن بأي شائبة.

وفي وطننا العربي ثمة معوقات في اكتساب اللغة الفصيحة في أيامنا هذه تتمثل في العامية المنتشرة والبرامج الإذاعية والتلفزيونية والقصور في تكوين مهارات التعلم الذاتي واكتساب لغة ثانية وتأثيرها على اللغة الأم.

خامساً – اضطرابات اللغة والنطق:

هي أخطاء كلامية تنتج عن أخطاء في حركة الفك والشفاه واللسان أو عدم تسلسلها بشكل مناسب.

من الواضح أن الأطفال في سن الطفولة المبكرة تختلف لغتهم عن لغة الراشدين، إذ أنها تتميز بلثغات مختلفة وتدل معايير النمو على أن الطفل العادي يستطيع أن يتخلص تماماً من العيوب اللغوية فيما بين الرابعة والسادسة وإذا لم يتخلص منها في هذه السن كان مضطرباً في كلامه.

سادساً – أشكال اضطرابات اللغة والنطق:

تعتبر اللغة وسيلة هامة للتوافق الاجتماعي، وإن طلاقة اللسان من مستلزمات الشخصية الناضجة، ولكن قد تمنع هذه الطلاقة اضطراباً تصيب اللغة والكلام ويمكن أن نقسم هذه الاضطرابات إلى:

1- اضطرابات النطق.

2- اضطرابات الكلام.

3- اضطرابات الصوت.

1- اضطرابات النطق:

صعوبة في إصدار الأصوات اللازمة للكلام بالطريقة الصحيحة وتحدث في الحروف المتحركة أو الساكنة وتعتبر عيوب النطق أكثر أشكال الاضطرابات شيوعاً ومـن هـذه العيوب:

- **الحذف omission** : يحذف الطفل صوتاً من الأصوات التي تتضمنها الكلمة ثم ينطق جزءاً فقط، وقد يشمل الحذف أصواتاً متعددة وبشكل ثابت فيصبح كلام الطفل في هذه الحالة غير مفهوم على الإطلاق.

- **الإبدال substitution** : حيث يتم إصدار صوت غير مناسب بدلاً مـن الصوت المرغوب فيه كاستبدال (س) بحرف (ش، ث) أو استبدال (ر) بحرف (و) مثـال : خووف بدل خروف، وهو ما يعرف باللثغة، وتعد عيوب الإبدال أكثر شيوعاً في كلام الأطفال صغار السن وبين عيوب النطق النمائية.

- **التحريف distortion** : يصدر الصوت بطريقة خاطئة، إلا أن الصوت الجديد يظل قريباً من الصوت المرغوب فيه، وقد يعود ذلك لأن الهواء يأتي من المكان غير الصحيح أو لأن اللسـان لا يكـون في الوضـع المناسـب وينتشر ـ هـذا النـوع مـن الاضطرابات بين الأطفال الأكبر والراشدين أكثر من الصغار.

- **الإضافة Addition** : ينطق الطفل الكلمة مع زيادة صوت ما إلى النطـق الصحيح وهي أقل العيوب انتشاراً.

2- اضطرابات الكلام:

لا شك أن الكلام هو من نعم اللـه عـلى البشر ـ ومـن أهـم وسـائل التواصل بـالآخر ويستدعي كونه عدة توافقات عصبية دقيقة، يشترك في أدائها الجهاز التنفسي لتـوفير التيار الهوائي للنطق، وإخراج الأصوات بواسطة الحنجرة والحبال الصوتية والميكانزم اللسان والأسنان والشفاه وسقف الحلق الصلب والرخو والفك.

قال تعالى على لسان موسى عليه السلام : ((قَالَ رَبِّ اشْرَحْ لِي صَدْرِي (25) وَيَسِّرْ لِي أَمْرِي (26) وَاحْلُلْ عُقْدَةً مِنْ لِسَانِي (27) يَفْقَهُوا قَوْلِي)) [طه: ٢٥ – ٢٨].

أولاً : اللجلجة Stuttering:

هو اضطراب في إيقاع الكلام وطلاقته مما يؤثر على انسياب الكلام يتضمن التكرارات اللاإرادية للأصوات أو الحروف أو الكلمات أو إطالتها أو التوقف اللاإرادي أثناء الكلام ويصاحب ذلك حركات لا إرادية للرأس والأطراف، وسلوك التفادي وردود الأفعال الانفعالية كالخوف والقلق وانخفاض درجة تقدير الذات لدى المتلجلج.

أنواعها : هناك نوعان من اللجلجة، **النوع الأول** الذي يكون مؤقتاً وتظهر أثناء نمو الطفل وخاصة في مرحلة تكوين الجمل بين السنة الثانية والسنة الثالثة.

والنوع الثاني : هو اللجلجة المستمرة أو ما تسمى بالمزمنة وهذه تبدأ في بداية محاولة الأطفال للكلام.

أسبابها:

1- الوراثة.

2- القلق النفسي.

3- أو بسبب تلف في مراكز الكلام بالمخ.

ويتضح لنا أن الأسباب النفسية إلى اللجلجة في الكلام عامل مهم وأساسي والمشاكل العائلية وانفصال الوالدين والاهتمام بأخ دون آخر والعنف والقسوة التي يتم استعمالها بحيث تصل إلى درجة لا يتمكن الطفل التعبير عن نفسه وعن شعوره وإحساسه ومن الأسباب النفسية الأخرى مصاعب والمشاكل في المدرس، وكذلك تعدد الفترات الحرجة التي يمر بها الطفل في مرحلة النمو.

علاج اللجلجة:

أثناء عملية القياس يقوم الأخصائي بوضع الخطة العامة للعلاج وخلال ذلك من الممكن أن تثار تساؤلات تتعلق بتقدم خطة العلاج والآثار المترتبة عليها أثناء التقييم،

وعادة ما يكون والدي الطفل مهتمين ببعض الأمور مثل : ما هي فرصة نجاح العلاج؟ ما هي مدة العلاج ؟ الولايات المتحدة مرة من الضروري أن يحضر فيها إلى العيادة ؟ ما هي تكلفة العلاج، وللإجابة على هذه التساؤلات نقول أن الإجابة تعتمد على عدة عوامل منها كيف يرى الشخص قدرته على التحكم في مصيره ورغبته في مساعدة نفسه ؟ وما مدى قدرته على تحمل الضغوط ؟ وسماته الكلامية ؟ وطبيعة البيئة المحيطة به سواء أكانت المدرسة أو البيت أو المجتمع ؟ وهناك بعض المقاييس لقياس مستوى الكلام قبل العلاج لكي يضع المعالج الخطط للعلاج، والخلاصة أن العلاج عملية معقدة وبعيدة المدى وتحتاج إلى تظافر الجهود بين المعالج والأسرة والمدرسة (البيئة) وعلى المعالج قياس كل سلوك بعد كل جلسة.

تحديد المرحلة العمرية : تحديد عمر الطفل مهم جداً في عملية العلاج فالأساليب المتبعة مع صغار السن مختلفة تماماً عن الأساليب المتبعة مع المراهقين أو الراشدين وكذلك في تحديد عمر الفترة الزمنية التي يعاني منها الطفل، ولقد أوضح كل من (Shames, G & EL,qberr. H. 1982) عدد من تلك الأساليب :

علاج صغار الأطفال ذوي اللجلجة : إن الأساليب العلاجية المتبعة مع الأطفال في مرحلة المهد، ومرحلة ما قبل المدرسة الذين تنتشر فيهم أساليب ثانية نسبياً ولها معدلات مرتفعة من النجاح، وهناك طرق عديدة للتدخلات العلاجية للجلجة المبكرة، ومنها:

العلاج المباشر : يستلزم هذا النوع من العلاجات رؤية نشطة ومنتظمة لتقبل الطفل الذي يعاني من اللجلجة للعلاج، ويعني هذا في بعض الأحيان التعامل بشكل مباشر مع أعراض الكلام لدى الطفل، ولكن في أحيان أخرى كثيرة يعني مشاهدة الطفل أثناء العمل حوله، ودون التركيز بشكل مباشر على سلوك اللجلجة، إن الافتراض النظري هو أن للجلجة الطفل عرضيه حيث أنها عرض لبعض المشكلات الأساسية ذات الطبيعة النفسية أو الشخصية.

- **العلاج البيئي :** هو إجراء علاجي يركز على المتغيرات التي تجري في بيئة الطفل والتي يعتقد أنها تساهم في استمرار اللجلجة، ومن خلال الملاحظة المباشرة وفعالية الوالدين والأسرة يحاول الأخصائي تحديد تلك العوامل وتغيير بيئة الطفل حتى تنخفض العوامل التي تؤدي إلى استمرار اللجلجة أو تزول تماماً.

الإرشاد النفسي للأسرة والوالدين : إن العديد من سمات الطفل ترتبط بجوهر الأسرة وأفرادها، ومن خلال تغيير بعض الأنماط السلوكية للأسرة يستلزم إرشاد نفسي لأفراد المجموعة ككل، وذلك لمساعدتهم على فهم كيف تؤثر سلوكياتهم ومشاعرهم على سلوك اللجلجة، وكذلك فهم وتفعل تلك الانفعالات.

- **العلاج بالتفاعل اللفظي بين الطفل والوالدين:** يرتبط هذا العلاج بأساليب خفض الحساسية والافتراض الذي يبرزه هذا النوع من العلاج هو أن اللجلجة في مرحلة الطفولة تنمو في محيط اجتماعي من خلال التفاعل اللفظي السلبي مع الوالدين، وإهمال الوالدين لدعم الطفل واستمرار لجلجة الطفل، وبعد ملاحظة الأخصائي للتفاعلات اللفظية بين الطفل والوالدين يجب أن يحدد بدقة أسباب لجلجة الطفل، ويوجه الوالدين للأساليب العلاجية الصحيحة التي يمكن من خلالها خفض لجلجة الطفل، وأن يفعل عكس ما يلاحظ الوالدين بعد عدم الطلاقة، وعندما تنخفض اللجلجة لدى الطفل إلى 1 % أو أقل يتم تقدير الوالدين للعلاج لتعلم مزيد من الأشكال المنتجة للتفاعل اللفظي الصحيح مع الطفل وتطبيقها في المنزل.

- **العلاج النفسي :** يمكن إحالة الأطفال ذوي المشكلات النفسية والانفعالية التي تؤثر على اللجلجة إلى العلاج باللعب أو العلاج النفسي، تلك العلاجات تؤكد على أن اللجلجة عرض لمشكلة نفسية دينامية متأصلة وعميقة، وهذا من العلاجات لا يهتم إلا قليلاً باللجلجة في حد ذاتها، وإنما يركز على المسايرة النفسية للطفل والحيل الدفاعية واضطرابات الشخصية والقلق، وبعض المشاعر السلبية الأخرى والعلاقات الشخصية، ويرى أنصار هذا النوع من العلاج أنه من الممكن إزالة المشكلات النفسية وبالتالي التخلص من أعراض اللجلجة من خلال المنظور النظري والأساليب

السريرية لتلك العلاجات، ومما شك فيه أنه من الضروري أن يقوم بهذا العلاج متخصصين مدربين على هذا النوع من العلاجات، ولقد ساعدت تلك العلاجات ذات التوجه النفسي لبعض الأطفال، ولكنها لم تثبت فاعليتها لدى القدر الأكبر منهم في خفض أو إزالة سلوك اللجلجة كمساعدة لباقي أشكال علاج الكلام (Bloodextion. 1975).

- **العلاج السلوكي لتشكيل العلاقة :** منذ عدة سنوات من تأثيرات النظرية التشخيصية للجلجة ثم تجنبد العمل مباشرة مع كلام الأطفال الذين يعانون من اللجلجة، حيث يرى الخبراء أن العمل مباشراً مع اللجلجة المبكرة للطفل من الممكن أن يزيد من وعي الطفل بمشكلة اللجلجة لديه ويزيد بداخله الشعور بالقلق والشعور بالذنب والشعور بأنه شخص مختلف عن الآخرين، وهناك نزعة منطقية نحو هذه الأفكار وخصوصاً عندما يركز العلاج المباشر على اللجلجة وتغلبها وضبطها. وقد قدم (Williams 1957) علاجاً يركز على سهولة وطبيعة المتكلم ويشجع الأطفال على أن يكون سلوكهم هادئ وسهل الأمر الذي يساعدهم على الكلام بطلاقه، كما قدم كل من (Ryab, Ivan Kirk 1974) علاج يهدف إلى زيادة طول وتقيد ألفاظ الطفل بالتدريج، وهناك طريقة أخرى وهي (نمط إبقاء الكلام) هي في الأساس استمرار التصويت بين الكلمات ويتشكل للعمليات الطبيعية لسلوك التحدث تلك العلاجات جميعها تعمل على تنظيم طريقة لتعزيز التسهيل العام للبيئات الكلامية اليومية للطفل.

- **علاج خفض الحساسية :** وهو شكل آخر للعمل المباشر مع الطفل ولكنه لا يركز مباشرة على كلام الطفل الذي يعاني من اللجلجة، وتتشابه الطريقة التي تكمن خلف هذا العلاج مع الطرق التي تطرحها المعالجة البيئية. إن لجلجة الطفل هي استجابة للضغوط البيئية، ومن ناحية أخرى تم التمييز بين الضغوط الغير عادية والضغوط الشديدة. والضغوط المتوقعة والمعقولة والتي توجد في المواقف الأسرية الطبيعية، واللجلجة التي يتم تشخيصها بأنها استجابة للضغوط الطبيعية من الممكن أن

تنخفض من خلال زيادة تحمل الطفل لهذه الضغوط. ويعمل علاج خفض الحساسية على زيادة قدرة الطفل على تحمل لتلك الضغوط بالتدريج، ويتم هذا من خلال الأنشطة الفردية التي عادة ما تكون على شكل لعب، وتؤدي تلك الأنشطة إلى خفض اللجلجة إلى أقل مستوى وهذا ما يعرف بالمستوى القاعدي للطلاقة، وعادة ما نتمكن بشكل كامل من إزالة اللجلجة أثناء تلك الأنشطة، وقد تتطلب جلسات خفض الحساسية إزالة التحدث كلية والتفاعل بشكل غير لفظي، وعدم طرح تساؤلات مباشرة واستخدام اللعب المتواري الصامت، وتجنب الموضوعات المثيرة للمشقة النفسية أثناء العلاج واستمرار مستوى منخفض من الاستشارة واستمرار بطء التفاعل وغير ذلك. وبالتدريج يقوم الأخصائي بإعادة تقييم تلك العوامل ذات الضغط النفسي ـ إلى جلسة علاج ويقوم بمراقبة وتوجيه سلوك الطفل ذو الاستجابة الانفعالية ومحاولة منعه لفترة قصيرة من المشاركة في الكلام غير الطلق، ومن الممكن أن يحدث هذا ثلاث أو أربع مرات في الجلسة، ويقوم بتقديم بعض الضغوط في الجلسة دون إبراز اللجلجة ويكون الهدف هو زيادة مدى تحمل الطفل للضغوط، وبهذه الطريقة تنخفض الحساسية لتلك الضغوط الطبيعية وفي النهاية فمن الممكن أن يشارك أفراد الأسرة في الجلسة لمساعدة الطفل على تعميم الطلاقة في البيئة الأسرية حيث تظهر تلك الضغوط بشكل طبيعي ويتم بشكل تدريجي تنشئة الطفل في الضغوط الطبيعية للأسرة، ومن الممكن أن تنظم الأسرة هذه العملية وأن تواظب عليها لخفض بعض الضغوط عندما يكون الهدف منها هو المساعدة في تغيير الطفل لا في تغيير مجرى حياة الأسرة نفسها.

العلاج:

- عرض الطفل على طبيب متخصص للتأكد من الأسباب الخفيفة سواء أكانت طبية أم نفسية.

- تحفيظ الطفل سور من القرآن الكريم والحديث الشريف.

- الاهتمام بتغذية الطفل.

- التوسط بين الشدة والتدليل الزائد.
- إمهال الطفل حتى ينطق بالكلمة ويعبر عما في خاطره.
- عدم السخرية من الطفل حتى لا يصاب بالإحباط.
- التحدث مع الطفل في موضوع يفهم.
- إشعار الطفل بالطمأنينة والأمن خصوصاً مع ولادة طفل آخر في الأسرة ومع نشوب نزاعات وخلافات بين الأبوين ينبغي ألا يعرف الطفل عنها شيئاً.
- إكساب الطفل ثقة في نفسه خاصة إن كان يعاني من مرض مزمن أو عاهة جسمية.
- عدم دفع الطفل دفعاً للكلام.
- تصويب الأخطاء أولاً بأول.
- لا يتعلم الطفل لغة أجنبية غير لغته قبل سن السادسة.
- إبعاد الطفل قدر الإمكان عمن يعانون من عيوب في النطق.
- إمداد الطفل بشرائط الكاسيت التي بها أناشيد وأشعار باللغة الفصيحة أو الحديث والقرآن الكريم.
- إمداد الطفل بالقصص ومجلات الطفل ويطلب منه التعبير عما قرأه وتصويب أخطاؤه.
- الاستماع للطفل باهتمام وإعطاءه العناية الكافية.
- تحمل الطفل الصبر عليه عندما يجد صعوبة في التعبير عن نفسه.
- التعاون مع المدرسة في فهم وضع الطفل داخل الصف.
- تدريب الطفل على الاسترخاء والتحدث ببطء.
- عدم السخرية منه إذا كانوا يعانون من عيوب النطق أو يخاف فيبول لا إرادياً أو يحصل مع درجات ضعيفة في المدرسة أو الروضة.
- عدم التعجل في سلامة مخارج الحروف والمقاطع في نطق الطفل فإن العلاج يحتاج إلى مجهود كبير ووقت طويل مع الصبر.

أسباب عيوب النطق

- الأسباب العضوية:

1- نقص أو اختلال الجهاز العصبي المركزي واضطراب الأعصاب المتحكمة في الكلام مثل : اختلال أربطة اللسان أو إصابة المراكز الكلامية في المخ بتلف أو نزيف أو ورم أو مرض عضوي

2- عيوب الجهاز الكلامي (الفم – الأسنان – اللسان – الشفتان – الفكان) خصوصاً عيوب الشفة العليا وسقف الحلق.

3- عيوب الجهاز السمعي كضعف السمع فتجعل الطفل عاجزاً عن التقاط الأصوات الصحيحة للألفاظ وقد يزداد هذا العيب إن لم يكتشف في سن مبكرة.

4- سوء التغذية وعدم الاهتمام بالصحة العامة للطفل.

5- لحمية الأنف وتضخم اللوزتين.

6- اضطرابات الجهاز التنفسي.

7- الضعف العقلي.

8- تأخر النمو.

- الأسباب النفسية:

1- الشعور بالنقص.

2- فقدان الحنان من أحد الأبوين.

3- المخاوف من الأب أو المدرس فينتج عن خوفه من الخطأ التلعثم.

4- الصدمات الانفعالية كموت قريب مثلاً.

5- التدليل الزائد والاستجابة لرغباته دون أن يتكلم فيكفي أن يشير أو أن يعبر بحركة ما أو نصف كلمة أو كلمة مبتورة.

6- قلق الآباء ودفعهم دفعاً ليتكلم منذ طفولته وسنته الأولى.

7- إجبار طفل أشول على الكتابة باليد اليمنى بعد أن تعود على ذلك فيصاحب ذلك لجلجة في الكلام واضطراب نفسي.

8- التأخر الدراسي والإخفاق في التحصيل.

9- الانطوائية والكسل.

10- عدم التوافق بين الأبوبين والشجار الدائم ينهما.

11- الحروب والكوارث البيئية.

- أسباب أخرى:

1- التحدث مع الطفل في موضوع لا يفهم فلا يجد ما يعبر به فتكون اللجلجة وسيلة كلما ضاع منه اللفظ المناسب.

2- عدم تصويب أخطاء الطفل اللفظية بل تشجيعه عليها أحياناً من باب أنه طفل لا يهم أن يخطيء أو يصب فيقول : مرضان بدل رمضان فلا يجد من يصوب له، ويقول أنا آكل بدلاً من أنا آكل ولا يجد من يصوب له.

3- تقليد من يعانون من عيوب في النطق فينشأ معهم.

4- تعليمه لغة أخرى غير العربية قبل سن السادسة فينشأ عن تداخل اللغات فيفكر بلغة ويتحدث بأخرى ولا يستقيم لسانه عندما ينطق بلغته ولا يشعر بالتجارب من الآخرين عندما يحدث باللغة الأجنبية فينشأ غير متمكن من لغته فينتج عن ذلك نسبة من الأطفال تعاني من اللجلجة.

ثانياً: العي:

يقصد بالعي تلك الحالة التي يعجز الفرد فيها عن النطق بأي كلمة بسبب توتر العضلات الصوتية وجمودها، ولذلك نرى الفرد الذي يعاني من العي يبدو كأنه يبذل مجهوداً خارقاً حتى ينطق بأول كلمة في الجملة فإذا تم له ذلك يندفع كالسيل حتى تنتهي الجملة ثم يعود بعدها إلى نفس الصعوبة حتى يبدأ الجملة الثانية وهكذا. ومن الثابت علمياً أن أغلب حالات العي أسبابها نفسية وإن كان بعضها تصاحبه علل جسمانية كالتنفس من الفم، أو اضطرابات في الجهاز التنفسي- أو تضخم اللوزتين أو لحمية في الأنف إلى غير ذلك. وكثير من حالات العي تبدأ في أول الأمر في شكل لجلجة وحركات ارتعاشية متكررة تدل على المعاناة من

اضطرابات انفعالية واضحة ثم يتطور الأمر بعد ذلك إلى العي الذي يظهر فيه حالات التنشج التوقفي، ويبدو على المريض أعراض المعاناة والضغط على الشفتين وتحريك الكفين أو اليدين، أو الضغط بالقدمين على الأرض أو الإتيان بحركات هستيرية في رموش وجفون العينين وكلها أعراض تدل على الصعوبة التي يعاني منها المريض عند محاولة الكلام خصوصاً في المواقف الاجتماعية الصعبة. وواقع الأمر فإن الحركات العشوائية وغير العشوائية والهستيرية التي يأتيها المريض إنما يهدف منها إلى أن تساعده على التخلص من عدم القدرة على الكلام والتخلص أساساً من التوتر النفسي- الذي يعوقه عن إخراج الكلام.

ثالثاً: التلعثم:

يقصد بالتلعثم عدم قدرة الطفل على التكلم بسهولة فتراه يتهيه، ويجد صعوبة في التعبير عن أفكاره فتارة ينتظر لحظات حتى يتغلب على خجله، وأخرى يعجز تماماً عن النطق بما يجول ي خاطره. والتلعثم ليس ناشئاً عن عدم القدرة على الكلام فالمتلعثم يتكلم بطلاقة وسهولة في الظرف المناسب أي إذا كان يعرف الشخص الذي يكلمه، أو إذا كان أصغر منه سناً أو مقاماً. وأول ما يشعر به المتلعثم هو شعور الرهبة أو الخجل ممن يكلمه فتسرع نبضات قلبه ويجف حلقه ويتصبب عرقاً، فيتمنى لو أمكن أن يملك عواطفه ويستعيد هدوءه حتى يتابع الكلام في سهولة. ويبدأ التلعثم عادة في سن الطفولة، وقد يشفى الطفل منه ولكن يعاوده من جديد إذا أصيب بصدمة نفسية حتى ولو كان مضى على شفائه سنين عديدة. والطفل إذا شعر بهذا النقص نشبت في نفسه حرب داخلية للتغلب عليه، ومما يزيده بؤساً ملاحظات من حوله على طريقة كلامه أو تعمد إحراجه. وقد ينشأ التلعثم عن واحد أو أكثر من الأسباب التالية : -قد تتقلص عضلات الحنجرة نتيجة خوف أو رهبة فتحجز الكلمات قبل خروجها ولا يقوى الطفل على النطق بأي كلمة أو يقول أأأ- ولا يستمر أكثر من ذلك حتى يزول خوفه وتتفتح حنجرته. – وقد لا يتنفس الطفل تنفساً عميقاً قبل بدء الكلام فينطق

بكلمة أو كلمتين ثم يقف ليتنفس ويستمر كذلك بين تكلم واستراحة فيكون كلامه متقطعاً. – قد يتنفس الطفل تنفساً عميقاً قبل الكلام ولكنه يسرف في استعمال الهواء الموجود في رئتيه فيستنفذه في بضع كلمات. – قد يكون التوازن معدوماً بني عضلات الحنجرة واللسان والشفتين فينطقك بأحد الحروف قبل الآخر، أو يدغم الحروف بعضها في بعض بقي أن نشير إلى أن الطفل المتلعثم في الفصل المدرسي موقفه صعب للغاية فهو يدرك عدم قدرته على التعبير بفصاحة ووضوح عما يخالج نفسه، ويجد لذلك أمامه طريقين إما أن يصمت ولا يجيب عن أسئلة المعلم، وإما أن يبذل جهده ليعبر عما في نفسه وهو يعلم أن أقرانه في الفصل يتغامزون عليه.

رابعاً : الثأثأة : يقصد بالثأثأة إبدال حرف بحر آخر، ففي الحالات البسيطة ينطق الطفل الذال بدلاً من السين، والواو أو اللام أو الياء بدلاً من الراء، وقد يكون ذلك نتيجة لتطبع الطفل بالوسط الذي يعيش فيه. وقد ينشأ نتيجة تشوهات في الفم أو الفك أو الأسنان تحول دون نطق الحروف على وجهها الصحيح. وينطق الطفل في الحالات الشديدة بألفاظ كثيرة غير مفهومة وهذا ينتج عن عيب في سمع الطفل يمنعه من تمييز الحروف والكلمات التي يسمعها ممن حوله، ونطق السين ثاء من أكثر عيوب الكلام انتشاراً. لذلك هناك تمرينات تساعد الطفل على التخلص من هذه العيوب يمكن اتباعها مع أخصائي العلاج. وسائل العلاج يحتاج علاج اضطرابات وأمراض الكلام إلى صبر وتعاون الآباء والأمهات، فإن لم يتعاونوا فشل العلاج أو طال أمده.

وينحصر العلاج في الخطوات التالية : العلاج الجسمي : التأكد من أن المريض لا يعاني من أسباب عضوية خصوصاً النواحي التكوينية والجسمية في الجهاز العصبي، وكذلك أجهزة السمع والكلام، وعلاج ما قد يوجد من عيوب أو أمراض سواء كان علاجاً طبياً أو جراحياً. العلاج النفسي : وذلك لتقليل الأثر الانفعالي والتوتر النفسي للطفل، كذلك لتنمية شخصيته ووضع حد لخجله

وشعوره بالنقص، مع تدريبه على الأخذ والعطاء حتى نقلل من ارتباكه. والواقع فإن العلاج النفسي للأطفال يعتمد نجاحه على مدى تعاون الآباء والأمهات لتفهمهم للهدف منه، بل يعتمد أساساً على درجة الصحة النفسية لهم. وعلى الآباء معاونة الطفل الذي يعاني من هذه الاضطرابات بأن يساعدوه على ألا يكون متوتر الأعصاب أثناء الكلام، حساساً لعيوبه في النطق، بل عليهم أن يعودوه على الهدوء والتراخي وذلك بجعل جو العلاقة مع الطفل جواً يسوده الود والتفاهم والتقدير والثقة المتبادلة. كما يجب على الآباء والمعلمين أيضاً محاولة تفهم الصعوبات التي يعاني منها الطفل نفسياً سواء في المدرسة أو في الأسرة كالغيرة من أخ له يصغره أو الحنق على أخ له يكبره، أو اعتداء أقران المدرسة عليه، أو غير ذلك من الأسباب، والعمل على معالجتها وحمايته منها لأنها قد تكون سبباً مباشراً أو غير مباشر فيما يعانيه من صعوبات في النطق. وقد يستدعي العلاج النفسي- تغيير الوسط المدرسي بالانتقال إلى مدرسة أخرى جديدة إن كانت هناك أسباب تؤدي إلى ذلك. كما يراعى عدم توجيه اللوم أو السخرية للطفل الذي يعاني من أمراض الكلام سواء من الآباء والأمهات أو المعلمين أو الأقران. العلاج الكلامي: وهو علاج ضروري ومكمل للعلاج النفسي- ويجب أن يلازمه في أغلب الحالات. ويتلخص في تدريب المريض - عن طريق الاسترخاء الكلامي والتمرينات الإيقاعية وتمرينات النطق- على التعليم الكلامي من جديد بالتدريج من الكلمات والمواقف السهلة إلى الكلمات والمواقف الصعبة، وتدريب جهاز النطق والسمع عن طريق استخدام المسجلات الصوتية. ثم تدريب المريض لتقوية عضلات النطق والجهاز الكلامي بوجه عام. والقصد من أن يلازم العلاج النفسي- العلاج الكلامي هو أن مجرد علاج اللجلجة أو العي أو غيرهما من أمراض الكلام. إنما تعالج الأعراض دون أن تمس العوامل النفسية التي هي مكمن الداء، ولذلك فإن كثيرين ممن يعالجون كلامياً دون أن يعالجوا نفسياً ينتكسون بمجرد أن يصابوا بصدمة انفعالية، أو أنهم بعد التحسن يعودون إلى اللجلجة وتسوء حالتهم

من جديد دونما سبب ظاهري، كما أنهم عادة يكونون شخصيات هشة ليست لديهم القدرة على التنافس مع أقرانهم سواء في المدرسة أو في وسطهم العائلي. ونوجه نظر الآباء والمربين بعدم التعجل في طلب سلامة مخارج الحروف والمقاطع في نطق الطفل، ذلك لأن التعجيل والإصرار على سلامة مخارج الحروف والمقاطع والكلمات من شأنه أن يزيد الطفل توتراً نفسياً وجسمياً ويجعله يتنبه لعيوب نطقه، الأمر الذي يؤدي إلى زيادة ارتباكه ويعقد الحالة النفسية ويزيد اضطراب النطق. مع مراعاة أن سلامة مخارج الألفاظ والحروف والمقاطع في نطق أي طفل يعتمد أساساً على درجة نضجه العقلي والجسمي، ومدى قدرته على السيطرة على عضلات الفم واللسان، وقدرته على التفكير، وفوق كل ذلك درجة شعوره بالأمن والطمأنينة أو مدى شعوره بالقلق النفسي. العلاج البيئي يقصد بالعلاج البيئي إدماج الطفل المريض في نشاطات اجتماعية تدريجياً حتى يتدرب على الأخذ والعطاء وتتاح له فرصة التفاعل الاجتماعي وتنمو شخصيته على نحو سوي، ويعالج من خجله وانزوائه وانسحابه الاجتماعي، ومما يساعد على تنمية الطفل اجتماعياً العلاج باللعب والاشتراك في الأنشطة الرياضية والفنية وغيرها. هذا كما يتضمن العلاج البيئي إرشادات للآباء القلقين إلى أسلوب التعامل السوي مع الطفل كي يتجنبوا إجباره على الكلام تحت ضغوط انفعالية أو في مواقف يهابها، إنما يتركون الأمور تندرج من المواقف السهلة إلى المواقف الصعبة مع مراعاة المرونة لأقصى حد حتى لا يعاني من الإحباط والخوف، وحتى تتحقق له مشاعر الأمن والطمأنينة بكل الوسائل.

خامساً: السرعة الزائدة في الكلام cluttering: يكون الكلام مضغوطاً يتعذر على المستمع فهم ما يقال, لعدم وجود تناسق بين الناحية العقلية والناحية اللفظية, ويكون العلاج بتنظيم عملية التفكير لدى المريض بعرض صورة أمامه وعليه أن يراعي الترتيب المنطقي أثناء عرضه للحوادث الواردة فيها.

اضطرابات اللغة

من الممكن أن ترتبط اضطرابات اللغة لدي بعض الأطفال بالإعاقة الجسمية والحسية مثل الشلل الدماغي أو الصمم أو التخلف العقلي.. وغيرها من الإعاقات الأخرى , في حين قد يكون هناك طفل طبيعي ؛ ولكنه يعاني من مشكلة في اللغة .

ومن خلال معرفة التباينات والفروق الفردية يمكن القول بأن الأطفال ذوي اضطرابات اللغة تظهر لديهم المشكلات التالية بشكل أساسي:

- ❖ مهارات اللغة التعبيرية.
- ❖ مهارات في فهم اللغة المنطوقة .
- ❖ ضعف مهارات الاستماع .
- ❖ فهم محدود لمعاني الكلمات والمعاني بشكل عام .
- ❖ قلة استخدام المكونات المورفولوجية للغة .
- ❖ الاستخدام المحدود لتراكيب الجملة .
- ❖ قصور استخدام اللغة المتعلمة .
- ❖ قلة المهارات الحوارية .
- ❖ قلة المهارات الروائية .

وبالإضافة إلي ذلك فإن بعض الأطفال ذوي اضطرابات اللغة يعايشوا:

- ❖ مهارات معرفية مقيدة .
- ❖ مشكلات أكاديمية لاحقة .
- ❖ أنماط غير سوية للغة .

وفيما يلي عرض لأهم أنواع اضطرابات اللغة:

أولاً : التأخر اللغوي Language Delay:

يعرف عبد العزيز السرطاوي وآخرون (2002) الطفل المتأخر لغوياً في معجم التربية الخاصة بأنه ذلك الطفل الذي يستخدم لغة بسيطة للغاية في المراحل التي تنمو فيها اللغة عادة ؛ مما يؤدي إلى بطء وتأخر اكتساب اللغة لديه .

وفي موسوعة التربية الخاصة والتأهيل النفسي يعرف كمال سيسالم (2002) القصور أو العجز اللغوي Language Deficit بأنه يتمثل في قصور في تنظيم وتركيب الكلام ، والتحدث بجمل غير مفيدة ، واستخدام الكلمات والأفعال والضمائر في أماكن غير مناسبة لها ، فقد يضع الفعل مكان الفاعل ، أو المؤنث مكان المذكر ، أو الضمير المتكلم مكان الغائب .. وهكذا .

بينما تعرف حورية باي (2002) التأخر اللغوي بأنه يتسم بتركيب نحوى-صرفي ضعيف، ومن مظاهره:

* افتقار التراكيب التى يستخدمها الطفل لغوياً الي "التماسك و الترابط" نتيجة نقص فيما يأتي: أدوات الربط-حروف الجر-ظروف المكان و الزمان.

* الالتباسات وتداخل بين الضمائر المنفصلة، والضمائر المتصلة، والمفرد والجمع والمؤنث و المذكر.

ويلخص فيصل الزراد (1990) أهم الأعراض الشائعة للتأخر اللغوي فيما يلي:

(1) إحداث أصوات عديمة الدلالة ، والاعتماد على الحركات والإشارات.

(2) الاكتفاء بالإجابة (بنعم) أو (لا) أو بكلمة واحدة ، أو بجملة من فعل وفاعل فقط دون مفعول به .

(3) التعبير بكلمات غير واضحة بالرغم من تقدم عمر الطفل .

(4) تعذر الكلام بلغة مألوفة ومفهومة .

(5) عدد المفردات ضئيلاً .

(6) الصمت أو التوقف في الحديث .

(7) يصاحب ذلك اضطرابات سلوكية ونفسية .

ويحصر مصطفي فهمي (ب ت) أسباب التأخر اللغوي فيما يلي:

(1) نقص في القدرة العقلية مما يؤثر على اكتساب اللغة أو القدرة على استعمالها في التعبير .

(2) قصور في السمع يحول دون إعطاء الطفل الفرصة الكافية لتعلم اللغة.

(3) الإصابة بأمراض في الشهور الأولي من حياته كالتهاب السحايا ، أو الحصبة الحادة .. وغيرها من الأمراض التي تؤثر على مناطق اللغة في الدماغ.

(4) إصابة المراكز الكلامية في اللحاء بتلف أو تورم أو التهاب وقد تكون أسبابها ولادية أو بسبب مرض حاد أو نتيجة الحوادث المباشرة في الدماغ.

وتضيف حورية باي(2002) عدد آخر من الأسباب التأخر اللغوي ومنها:

(1) أسباب نفس -اجتماعية داخل أسرة الطفل، تعرقل تطور لغته وشخصيته.

(2) التواصل مع الطفل، باستعمال ألفاظ مضطربة ومختصرة.

(3) عدم التواصل مع الطفل ،إلا في ساعات متأخرة في المساء ، لغياب الأم والأب طوال النهار، خارج البيت.

(4) تداخل اللغات في الوسط الواحد. كتواصل الوالدين مع الطفل بلغتين مختلفتين من حيث نظامهما، أو بلغتين متقاربتين، كتقارب اللهجات العربية، وبالتالي يصعب على الطفل التمييز بينهما لاكتساب النماذج اللفظية وقواعد النحو والصرف.

ثانياً : السكتة اللغوية (الأفازيا):

يعرف كمال سيسالم (2002) الحبسة الكلامية بأنها فقدان القدرة على الكلام في الوقت المناسب على الرغم من معرفة الفرد بما يريد أن يقوله وتنتج عن مرض في مراكز المخ . أما عبد العزيز السرطاوي وآخرون (2002) فيعرفوا الحبسة الكلامية في معجم التربية الخاصة بأنه قصور في القدرة على فهم أو استخدام اللغة التعبيرية الشفوية وترتبط الحبسة الكلامية عادة بنوع من الإصابة في مراكز النطق والكلام في المخ، والحبسة الكلامية مصطلح عام يشير الي خلل أو اضطراب أو ضعف في أحد جانبي اللغة أو كلاهما وجانبا اللغة هما : الاستيعاب والإنتاج، وينتج هذا الاضطراب عن خلل يصيب مراكز اللغة في الدماغ ، وينتج عن أسباب منها : جرح في الرأس، أورام في الدماغ،

الجلطة، ارتفاع درجة الحرارة في جسم المصاب، الحالات النفسية السيئة المتقدمة. وحتى تعتبر الحالة حبسه كلامية يجب أن تكون الإصابة قد حدثت بعد اكتمال نمو اللغة.

ويضيف عبد العزيز السرطاوي ووائل أبو جودة (2000) أن أداء المرضى المصابين بالسكتة اللغوية يتسم بما يلي :

1- الاستيعاب السمعي:

أ‌- يظهرون ضعفاً واضحاً في استيعاب ما يسمعون ، قد لا يفهمون الأوامر الموجهة إليهم، وقد لا يستطيعون تسمية أشياء تطلب منهم.

ب- الخلط في الكلمات المتشابهة في المعنى أو في اللفظ؛ وذلك بسبب الاستيعاب المتدني.

2-القراءة:

أ‌- قد يظهرون عجزا في تمييز و معرفة الكلمات المكتوبة؛ وقد يقرؤون الكلمات ولكن بدون فهم.

ب- تبدو الكلمات المألوفة لهم قبل الإصابة وكأنها كلمات غير مألوفة.

ج- يظهرون بطئاً في القراءة إلى جانب الأخطاء فيها.

3-الكلام:

أ‌- قد يعانون من صعوبات في إيجاد الكلمة المناسبة عند الحاجة إليها.

ب- استبدال كلمة بأخرى ولكن من نفس المجموعة المعنوية فقد يستبدل كلمة ملعقة بسكين.

ج- قد يعانون من صعوبة في التعبير عن أنفسهم بشكل مباشر.

د- قد يلجأون إلى حذف الكلمات الوظيفية من كلامهم وهذا يعني استخدام كلام التلغراف.

4-الكتابة:

أ‌- قد ينسون شكل الحروف.

ب- قد يكتبون كتابة عكسية.

ج- قد يحذفون أو يستبدلون بعض الحروف.

د- قد يظهرون أخطاء في الكتابة الإملائية.

هـ- قد يكتبون ببطء شديد.

5-الإشارات:

أ- قد لا يفهمون المقصود بالإشارات.

ب- قد يظهرون عجزاً في التواصل عن طريق الإشارات.

أنواع الأفازيا:

توجد أنواع عديدة مختلفة من الأفازيا، يتوقف ذلك علي موضع وحجم الإصابة التي تلحق بأي منطقة في المخ ، ومن بين أهم أنواع الأفازيا ما يلي :

1-الأفازيا التعبيرية أو الحركية:

وتعرف أيضاً بالأفازيا اللفظية أو الشفوية أو بأفازيا بروكا *، وهو نوع من الاضطرابات أو العجز في كلام الشخص المصاب ؛ ولكنه يظل قادراً علي فهم كلام الآخرين. ونلاحظ أن المصاب يكرر لفظ واحد مهما تنوعت الأحاديث أو الأسئلة الموجهة إليه ، و في حالات التي يتعرض فيها الشخص إلى الضغط الانفعالي قد نجده يتمتم ببعض العبارات الغير مألوفة ، أو الغير مفهومة، وذلك بقصد توجيه السباب و العدوان ، وفي مثل هذه الحالات تسمى بالأفازيا اللفظية أو الشفوية. وقد سميت أفازيا بروكا الحركية بأفيميا Aphemia بمعنى عدم القدرة على الكلام بالرغم من وجود الكلمة في ذهن المصاب، وفي بعض حالات أفازيا بروكا الحركية يفقد المصاب القدرة على التعبير عدا لفظ بعض الكلمات أحياناً مثل (نعم) ، أو (لا) .

ويحدث هذا النوع من الأفازيا نتيجة إصابة المناطق الأمامية من نصف المخ الأيسر- الذي يتحكم في إنتاج الكلام ؛ في التلفيف الثالث من المخ في المنطقة رقم(44) التى سبق أن أشرنا إليها. خصوصاً المنطقة المسماة " منطقة بروكا" . وتقع مباشرة إلي الأمام

---

* **بروكا**: نسبة إلى العالم بول بروكا مكتشف المنطقة 44 في المخ .

من منطقة الحركة الأولية الخاصة بالجهاز العضلي المسئول عن إخراج الكلام (الشفاه، اللسان، الحلق ... الخ) ، ولكن مناطق الحركة الأولية الخاصة بالكلام لا يصيبها ضرر مصاحب لأفازيا بروكا، أي لا توجد أية مظاهر لإصابة في الجهاز العضلي للكلام بالشلل (فيصل الزراد، 1990).

والمصاب بأفازيا بروكا يتكلم قليلاً جداً. وعندما يحاول هذا المصاب الكلام فإن كلامه يحبس، بحيث لا يستطيع إخراج الكلام ، كما تغيب من كلام المصاب الأجزاء النحوية الصغيرة و التصريف الصحيح للأفعال . مثل هذا الكلام يسمي غالباً" كلام تلغرافي " أو "كلام بدون التزام بقواعد اللغة -مهلهل" مثلاً، كانت استجابة أحد مرضي أفازيا بروكا ، عندما رأي صورة امرأة تقوم بغسل الأطباق، وأمامها حوض مملوء يفيض بالماء، وبعض الأطفال يحاولون الحصول علي إناء الكعك فيقلبون الكرسي الصغير الذي يريدون الوقوف عليه، فيقول"...و... ولد...ولد يقلب... يصعد..." أما في الحالات الشديدة من هذا النوع من الأفازيا فلا يستطيع المصاب غالباً إلا التلفظ بكلمة واحدة أو اثنتين مرة بعد الأخرى في محاولته للكلام أو وصف شيء ما . وعندما ينطق هذا المصاب أخيراً بكلمة ، فإنه ينطقها سليمة إلي حد ما(سالي سبرنجر وجورج ديوتك ، 2002).

كما أن قدرة المصاب علي تسمية الأشياء ضعيفة، لكن تلقينه الكلمات تساعده كثيراً. هذه الحقائق تؤكد القول بأن هذا العجز ليس في جهة النطق، ويبدو أن معظم المرضي بأفازيا بروكا يفهمون الكلام المنطوق و المكتوب، ولذلك فالمشكلة لديهم تتعلق بمرحلة الإنتاج الحركي في المخ للغة وليس في مرحلة الفهم. كما يبدو أن هؤلاء المرضي علي دراية بمعظم أخطائهم اللغوية . وقد جادل بعض الباحثين قائلين بأن عملية الفهم عند المصابين بأفازيا بروكا ليست سليمة تماماً كما يعتقد الكثيرون.

2-الأفازيا الاستقبالية أو الحسية:

وتعرف أيضاً بأفازيا فيرنيكة * ، أو متلازمة ما خلف شق سلفيوس ، وقد توصل فيرنيكة إلى افتراض أن حدوث إصابة أو تلف في هذا الجزء من الدماغ، أدى بدوره إلى تلف الخلايا العصبية التى تساعد على تكوين الصور السمعية للكلمات أو للأصوات، وينتج عن ذلك ما يسمى بالصمم الكلامي، وهو شكل من أشكال الأفازيا الحسية حيث تكونت حاسة السمع سليمة ، ولكن الألفاظ تفقد معناها لدى السامع، كما لو كانت هذه الألفاظ من لغة أخرى لا يعرفها الفرد، كما أن الصمم الكلامي يمكن اعتباره شكل من أشكال الأجنوزيا Agnosia .

ومن الجدير بالذكر أن المصاب بهذا الاضطراب لا يستطيع فهم الكلام عموماً. ويصاحب هذا الاضطراب الإصابة التي تلحق بالمنطقة الخلفية من التلفيف الصدغي الأول (في منطقة فرنيكة)، وكلام المصاب بالأفازيا الاستقبالية أكثر طلاقة من كلام المصاب بالأفازيا التعبيرية، لكن ذلك يتوقف علي حجم الإصابة، فكلام المصاب بالأفازيا الاستقبالية قد يتراوح بين أن يكون غريباً نوعاً ما إلي كونه خال تماماً من المعني. وغالباً ما يستخدم هؤلاء المرضي في كلامهم كلمات غير مألوفة أو غير معروفة.

وفى بعض حالات الأفازيا الحسية عند فرنيكة نجد المصاب يفهم كل لفظ في الجملة لوحده، ولكنه لا يستطيع فهم معنى الجملة كاملة ، وهذا ما يسميه البعض بالأفازيا المعنوية، وهناك حالات أخرى نجد المصاب فيها يستخدم كلمات في غير مواضعها، ويستخدم كلمات غريبة غير مألوفة، ومثل هذه الحالات يكون المصاب قد اكتسبها بسبب وجود الاضطراب من صغره في المراكز السمعية الكلامية حيث يحدث خلل في تكوين الصور السمعية للكلمات (سالي سبرنجر وجورج ديوتك ، 2002).

وإليك مثال لحديث بين مريض يخاطبه المعالج:

---

* **فرنيكة:** حيث توصل العالم(كارل فرنيكة) إلى هذا الشكل من الأفازيا نتيجة للأبحاث التشريحية التى قام بها (1874)

المعالج: هل تحب أن تأكل المانجو؟

المصاب: نعم أنا أكون.

المعالج: أود أن تتحدث عن مشكلتك؟

المصاب: نعم، أنا لا أرغب في هذا الطعام.

المعالج: ماهي المشكلة التي تعاني منها؟

المصاب: سأقول لهم. . .

3-أفازيا تسمية الأشياء:

تلك التي تعرف أيضاً " بأفازيا النسيانية " وفي هذا النوع فإن المصاب يجد صعوبة في تسمية الأشياء ، فإذا عرضنا عليه مجموعة من الأشياء المألوفة وطلبنا منه تسميتها فإنه قد يشير الى استعمالاتها عوضاً عن أسمائها، وهذا الاضطراب لا يشمل فقط الأشياء المرتبطة بل يشمل أسماء الأشياء المسموعة ، أو الملموسة ، وتبقى قدرة المصاب على تذكر الحروف وأجزاء الكلام المطبوعة سليمة ، ويبقى قادراً أيضاً على استعمال الشيء والإشارة إليه إذا سمع اسمه أو رآه ، فإذا قدم للمريض كرسي وسألناه عن اسمه لا يستطيع تذكر كلمة (كرسي) وربما أمكنه إدراك وظيفة الكرسي واستعمالاته ، وإذا سئل المصاب هل هذا منضدة، أم كتاب أم كرسي ، فإنه يجيب الإجابة الصحيحة ، ولكن المشكلة تتركز في تذكر اسم الشيء لو طلب منه ذلك.

وعلى الرغم من أن هذه الصعوبة موجودة لدي المصابين بمعظم أنواع الأفازيا، إلا أن الصورة " النقية " من أفازيا تسمية الأشياء تنتج من إصابة المنطقة القشرية التي تقع بين الفص الصدغي، والفص الجداري ، والفص القفوي -وهى المنطقة التى تسمى " التلفيفة الزاوية " أن المصاب بالصورة النقية من أفازيا تسمية الأشياء ، لديه الإمكانية على الفهم العادي ، كما يمكنه التحدث بصورة طبيعية وتلقائية إلى حد كبير في أثناء حديث غير رسمي.

و يعتقد الباحثون أن هذه الأفازيا تحدث نتيجة تقطع الترابطات الموجودة بين قنوات حسية مختلفة(أي بين مناطق مختلفة في المخ) التى تعتبر أجزاء داخلة في قدرة الفرد على تسمية الأشياء. وقد تظهر الأفازيا النسيانية لدي من يعانون من مرض الزهايمر*

---

* **الزهايمر** : هو صورة من صور الذهان التى تشاهد نادراً قبل الشيخوخة ،أو أعراض الشيخوخة.

4-الأفازيا الشاملة أو الكلية:

يشير هذا النوع من الأفازيا إلى العجز الشديد في كل الوظائف المتعلقة باللغة. ففي هذا النوع من الأفازيا نجد أن قدرة الشخص المصاب على الفهم وإنتاج الكلام معيبة أو لا توجد نهائياً. ولكنه قد يستطيع التواصل مع غيره عن طريق الإشارات أوالرموز ، كأن يستخدم صوراً بدلاً عن الكلمات، وحتى في هذه الطريقة قد يجد المصاب صعوبة في تنفيذها أو قد لا تنجح كلياً .

وهذا النوع من الأفازيا ينتج عن إصابة واسعة في نصف المخ الأيسر ـ تغطي معظم المناطق التى يعتقد أن لها دوراً في فهم وإنتاج اللغة. فهذا الشكل من الأفازيا الكلية يحدث بسبب إصابة الدماغ بجلطة دموية تؤدى إلى انسداد الشريان والأوعية الدموية المغذية للمخ ، وللألياف العصبية الواردة من المراكز العليا للحركة بالفص الجبهي و المتجه نحو الذراع ، والساق، والأطراف وأعضاء النطق، مثل هذه الإصابة تنتشر في جزء كبير من مناطق الكلام في نصف الكرة المخ المسيطر، ويمكن أن تحدث نفس الأعراض بسبب الالتهابات ، والنزيف الدماغي، الذي يؤدى إلى حرمان المنطقة المصابة من التغذية والأوكسجين اللازم .

وتضيف سالي سبرنجر وجورج ديوتك (2002) نوعين آخرين من الأفازيا هما :

5-الأفازيا التوصيلية:

يتسم هذا النوع من الأفازيا بعدم قدرة المصاب علي إعادة ما يسمعه بصوت عالي. بالإضافة إلي كون الكلام التلقائي لهذا المصاب ليس إلا رطانة لا معني لها غالباً (كما في أفازيا فرنيكة)، ولكن علي عكس أفازيا فرنيكة، فإن قدرة المصاب علي فهم الكلام المنطوق و الكلام المكتوب تظل إلي حد كبير سليمة. هذه الأعراض إذن يمكن شرحها علي أنها ناتجة من فصل مراكز الاستقبال عن مراكز التعبير اللغوي في المخ.؟ وفي الحقيقة، فإن الإصابة التي تلحق بالمسار العصبي المسمي الحزمة القوسية التي تصل بين مناطق بروكا وفرنيكة وجدت فعلاً في مثل هذه الحالات .

6-الأفازيا الممتدة(أو العابرة لمناطق القشرة) :

ويحدث هذا النوع من الأفازيا نتيجة إصابة المنطقة القشرية ، ولكن هذه الإصابات تبقي علي مراكز أو مناطق الكلام وكذلك المسارات الموصلة بينها سليمة، ولكن هذه الإصابات تعزل هذه المراكز أو المناطق عن بقية المخ. فإذا كانت الإصابة قد عزلت منطقة فرنيكة عن بقية أجزاء المخ فتسمي " الأفازيا الحسية المعزولة " بينما إذا كانت الإصابة قد عزلت منطقة بروكا فتسمي (أفازيا مختلطة ممتدة) .

وتوجد في أنواع الأفازيا الثلاثة المذكورة درجات متباينة من مشاكل فهم وإنتاج الكلام تلقائياً. مثل هؤلاء المرضي يستطيعون أن يعيدوا- يكرروا- بصورة جيدة ما يقال لهم ، وهى حالة تسمى صدى الكلام (أو الببغاوية) . وبقاء القدرة على إعادة ما يقال سليمة في هؤلاء المرضى، هو ما يميز الأفازيا الممتدة عن أفازيا بروكا، وأفازيا فرنكه، والأفازيا التوصيلية حيث القدرة على إعادة الكلام معيبة في هذه الأنواع الثلاثة الأخيرة.

المشكلات المرتبطة باضطرابات اللغة:

هناك بعض الأطفال ذوي اضطرابات اللغة لا يعانون من أي مشكلات عقلية أو حسية أخرى , ولكن في المقابل نجد البعض الآخر تظهر لديه مشكلات أخري بالإضافة إلي اضطراب اللغة، فقد يعاني الطفل من التخلف العقلي العقلي أو من الإعاقة السمعية أو التوحد . . وغيرها من الإعاقات الأخرى ، والتي يصاحبها اضطراب في اللغة بدرجات تتفاوت وفقاً لنوع الإعاقة وشدتها .

برنامج تدريب الحبسة الكلامية:

وفيما يلي عرض لأهم هذه الحالات التي لها تأثير مباشر على اكتساب اللغة وتطورها ، ومن ثم لها تأثير أيضاً على تدهورها واضطرابها ، ومن بين هذه الحالات ما يلي :

التخلف العقلي:

لقد صدر عن الجمعية الأمريكية للتخلف العقلي AAMR(1992) تعريف للإعاقة العقلية بأنها " حالة تشير إلي جوانب قصور ملموسة في الأداء الوظيفي الحالي للفرد وتتصف الحالة بأداء عقلي دون المتوسط بشكل واضح يوجد متلازماً مع

جوانب قصور ذات صلة في مجالين أو أكثر من مجالات المهارات التكيفية التالية: التواصل , العناية الذاتية , الحياة المنزلية , المهارات الاجتماعية , استخدام المصادر المجتمعية , التوجيه الذاتي , الصحة والسلامة , المهارات الأكاديمية , وقت الفراغ ومهارات العمل , وتظهر الإعاقة العقلية قبل سن الثامنة عشرة".

وفي الطبعة الرابعة من الدليل التشخيصي- الإحصائي للاضطرابات العقلية المعروفة اختصاراً DSMIV (1994) يعرف التخلف العقلي أنه :-" انخفاض ملحوظ دون المستوي العادي في الوظائف العقلية العامة يكون مصحوباً بانحسار ملحوظ في الوظائف التكيفية , مع التعرض للمرض قبل سن الثامنة عشر ".

ويتضمن هذا التعريف ثلاثة محكات أساسية يجب توفرها معا قبل الحكم علي شخص ما بأنه متخلف عقلياً وهذه المحكات هي:

❖ أداء ذهني وظيفي دون المتوسط ونسبة ذكاء حوالي 70 أو أقل علي اختيار ذكاء يطبق فردياً.

❖ وجود عيوب أو قصور مصاحب للأداء التكيفي الراهن (أي كفاءة الفرد في الوفاء بالمستويات المتوقعة ممن هم في عمره أو جماعته الثقافية في اثنين علي الأقل من المجالات التالية : التواصل ,استخدام إمكانات المجتمع , التوجيه الذاتي , المهارات الأكاديمية الوظيفية , العمل , الفراغ , الصحة والسلامة , التكيف مع متطلبات المواقف والحياة الاجتماعية .

❖ يحدث ذلك كله قبل سن 18 سنة .

وفي الطبعة العاشرة من التصنيف الإحصائي الدولي للأمراض والمشكلات المرتبطة بالصحة (1993) يعرف التخلف العقلي بأنه " حالة من توقف النمو العقلي أو عدم اكتماله , تتميز بشكل خاص باختلال في المهارات التي تظهر أثناء دورة النمو وتؤثر في المستوي العام للذكاء أي القدرات المعرفية واللغوية والحركية والاجتماعية وقد يحدث التخلف العقلي مع أو بدون اضطراب نفسي أو جسمي أخر وبذلك يركز هذا التعريف علي إنه يشترك أن يكون هناك:

❖ انخفاض في مستوى الأداء الذهني كما يتم تقديره بواسطة اختبارات معيارية تطبق علي كل فرد علي حده .

❖ يرتبط انخفاض مستوى الأداء الذهني بضعف في القدرة علي التكيف مع المطالب اليومية للبيئة الاجتماعية العادية فيكون السلوك التكيفي مختلا دائما ولكن في البيئات الاجتماعية التي تكفل الوقاية وتوفر الدعم والمساندة فقد لا يكون هذا الاختلال ظاهرا في الأفراد ذوي التخلف العقلي البسيط .

❖ أن التخلف العقلي قد يكون مصحوباً باضطرابات نفسية وجسمية تؤثر بدرجة كبيرة علي الصورة الإكلينيكية وطرق استخدام أي مهارات بل أن معدل انتشار الاضطرابات النفسية الأخرى بين المتخلفين عقلياً يبلغ علي الأقل من ثلاثة إلي أربعة أضعافه بين عموم السكان .

❖ إن تشخيص التخلف العقلي يجب أن يستند علي تقييمات شاملة للقدرات ليس علي مجال واحد من مجالات الاختلال النوعي أو المهارات .

وتظهر لدي المتخلفين عقلياً العديد من مشكلات التواصل تختلف شدتها بمدي شدة التخلف العقلي , فكلما ارتفعت درجة التخلف العقلي كلما ازدادت شدة تلك المشكلات , وعموماً أن الأطفال المتخلفين عقلياً بطيئين في تعلم الأصوات الكلامية للغة , وعندما يتعلمونها يظهرون العديد من أخطاء النطق .

ومن الجدير بالذكر أن لغة هؤلاء الأطفال تعاني من قصور في جميع المستويات (المكونات) : المفردات , المعاني , الاستخدام المورفولوجي , التراكيب , الاستخدام البرجماتي, وعند مقارنتهم مع الأطفال العاديين , نجدهم أبطأ في نطق الكلمات الأولي , ويستمرون في إنتاج كلمات أقل , كما تكون معاني الكلمات التي يكتسبونها محدودة , ويكونوا أبطأ في جمع الكلمات في جمل وعبارات , ويحذفون العديد من السمات النحوية, كما يكون تركيب الجملة لديهم مقصور علي الأشكال البسيطة , كما أنهم يستخدمون اللغة التي يكتسبونها بشكل محدود , ولذا نجد أن مهارات الحوار لديهم محدودة جداً .

وأوضحت الأبحاث أن أغلب المتخلفين عقلياً ليس لديهم أنماط غير سوية أو فريدة للغة , بل إنها تشبه لغة صغار الأطفال ؛ فعلى الرغم من أن تقدم اللغة البطيء لديه إلا تتابعها يشبه ما لدى العاديين . ومن ناحية أخرى فإن القليل من المتخلفين عقلياً تظهر لديهم المصاداه * والكلام غير المفهوم . وبعض المتخلفين عقلياً خاصة ذوي العرض داون لا نجد لديهم مهارات لغة تشبه مستواهم العقلي العام .

وفي بعض المهام غير اللفظية المحددة نجد أن البعض لديه مستوى عقلي يدعم ارتفاع مهارات اللغة أكثر من قدرتهم الفعلية . ومن الممكن أن يستفيد الطفل كثيراً من برامج التدريب على مهارات اللغة التي أجريت على المتخلفين عقلياً.

التوحد:

أول من اكتشف التوحد هو طبيب الأطفال النفسي " ليوكانر ", والذي يعرفه بأنه " اضطراب انفعالي سلوكي شديد يبدأ في مرحلة الطفولة المبكرة قبل عمر عامين وستة أشهر , وهذا هو أحد أشكال ذهان الطفولة ", والذهان هو حالة شديدة من الاضطراب العقلي أو السلوكي تتميز بعدم التوجه للزمن والمكان والأشخاص , ومشاعر غريبة مثل الهلاوس والمعتقدات التي ليس لها أساس في الواقع مثل الهواجس , ويعد الفصام هو أحد أشكال الذهان .

وتعد السمة المسيطرة للسلوكيات اللفظية وغير اللفظية الخاصة بالطفل التوحدي هي قلة الرغبة في الارتباط بالآخرين ومن بينهم الوالدين , وإذا كان الطفل الطبيعي يستمتع بالنظر لوجه الأم أو بسمتها فإن الطفل التوحدي يركز عينيه على قرط الأم وعندما تحمله الأم يكون متوترا وعندما تتركه وحيداً يكون سعيداً .

ويفضل الطفل التوحدي العزلة عن التفاعل الاجتماعي , وأحد مظاهر التوحد هو رغبة الطفل الشديدة في البقاء بمفرده مع الأشياء التي يجد أنها ممتعة ، ولا يشير إلى

---

* المصاداه Echolalia : نعني به قيام الطفل بتتابع الأصوات التي يصدرها الآخرون بغض النظر عن المعني، وهي عبارة عن تكرار ما يتعلمه مثل الببغاء , وتعد المصاداه تواصل غير مقصود .

الأشياء الأخرى ، أو يطلب المساعدة من أحد ولا يريد أي شئ من الآخرين, فيصبح هذا الطفل منغلق علي ذاته , وقد يقضي ساعات طويلة في وترتيب المكعبات مئات المرات في أحد أركان البيت , وقد يضع الطفل يده علي الأرض ويتحرك مثل الثعبان, وفي الصباح يجلس ساعات طويلة علي الأرض .

والقليل من الأطفال التوحديين معرضين لإيذاء أنفسهم بشكل مستمر , فيضربون رؤوسهم في الحائط ويجذبون شعرهم ويمضغون أصابعهم ويجرحون وجوههم بأظافرهم , ويتم وضع مثل هؤلاء الأطفال في المؤسسات ويلبسونهم أشياء من الحديد في أيديهم مما يصعب عليهم حملها وبعضهم يتم تقييده جسدياً لمنع الإيذاء الشديد للذات.

والطفل التوحدي يشعر بالاضطراب نتيجة تغير روتينه , فهو يريد أن يبقي كل شئ كما هو وفي مكانه على مدار اليوم ، وكل يوم , فعلى سبيل المثال ولو تحرك السرير من مكانه خطوة واحدة فإنه يشعر بالضيق ولا يستقر حتى يعود مكانه مرة ثانية .

وتعد اضطرابات اللغة الشديدة هي السمة الأساسية للتوحد , وفي البداية يشك الوالدين في إصابة الطفل بالصمم لأنه لا يستجيب للأصوات أو الكلام . ولكن الطفل التوحدي على الرغم من أنه لا يستجيب للكلام إلا أن يقلد الأصوات غير البشرية , فالطفل الذي لا يستجيب عندما يدعوه أحد بصوت مرتفع ، قد يلتفت إلي صوت السيارة ، هكذا سرعان ما يدرك الوالدين أن طفلهما ليس أصم , ولكنه يستجيب للضوضاء والأصوات غير البشرية علي كلام البشر .

أغلب الأطفال التوحديين لا يتعلمون اللغة بالمعدل الطبيعي , ولا يستخدمون ما يتعلمونه في التواصل مع الآخرين , ويتعلمون الكلمات بمعدل بطيء جداً , فالطفل التوحدي الذي يبلغ من العمر خمس سنوات ينتج حوالي خمس وعشرون كلمة فقط ، وهذه الحصيلة أقل من حصيلة الطفل الطبيعي الذي لا يزيد عمره عن سنتين . ويتعلم الطفل التوحدي الكلمات التي تشير إلي الأشياء والمفاهيم والناس أو العلاقات البشرية , ويفضل الأسماء علي الأفعال , ومن السمات الملحوظة في لغة الطفل التوحدي أنه يتعلم

الكلمات الصعبة بطريقة أسهل من الكلمات السهلة . فعلي سبيل المثال يستخدم كلمة " مثلث " ولا يستخدم كلمة " بابا ".

ومن الجدير بالذكر أن الطفل التوحدي يتعلم الكلمات التي تعبر عن العاطفة ببطء شديد , وعندما يبدأ علاقة مع أحد فإنه لا يستخدم كلمة الحب أو الكراهية أو يطلب أي شئ , وعندما يستخدم كلمة مثل الخير والشر فإنها تكون بعيدة كل البعد عن العاطفة (Park,C.,1982). ويستخدم الكلمات المكتسبه بشكل مقيد ، إذ نجده علي سبيل المثال يستخدم الطفل كلمة " باب " للإشارة إلي باب حجرته فقط ، أما باقي أبواب المنزل فلا تعد أبواب بالنسبة له ؛ وبالتالي فإن الأوصاف التي يقدمها تكون مقصورة علي موقفه أو محيطه فقط , بمعني آخر لا يعمم ما يتعلم علي كل المواقف المشابهة .

وأحد مشكلات اللغة المبكرة لدي الطفل التوحدي هي المصاداه , وهو الكلام الذي ليس له معني , ويعتقد بعض الخبراء أنه إذا كانت بعض استجابات المصاداه مجرد تقليد آلي فإن بعضها الآخر محاولة من الطفل للتواصل (Prinzant,B. 1983) , ويحدث هذا عندما يشتمل الصوت المردود علي كلمات تعتبر إجابة فعلية للطفل , فعندما تقول له الأم ماذا تفعل يرد عليها قائلاً : ماذا تفعل يا سامح .

وأحد السمات التي تلاحظ في لغة الطفل التوحدي هي قلب الضمائر , فالطفل التوحدي يشير إلي نفسه بالضمير " أنت " ، ويشير إلي الآخرين بالضمير " أنا " , كما يلاحظ على الأطفال التوحديين عدم قدرتهم على تعلم استخدام الضمائر بشكل صحيح حتى عمر السادسة , وفي محاولة من الباحثين لمعرفة أسباب قلب الضمائر , يري البعض أن هذا نتيجة المصاداه المستمرة , بينما لاحظ البعض الآخر أنه عندما تنخفض المصاداه يزداد استخدام الضمائر بشكل صحيح (Schiff- Myers,N. 1983) .

ويتحدث الطفل التوحدي بشكل عام بجمل بسيطة وقصيرة , ويميل لحذف العديد من السمات النحوية مثل حروف الجر ، وأدوات الربط , ويكون من الصعب عليه تعلم الأفعال المساعدة المستمرة , كما أنه من الصعب عليه معرفة التصريفات المورفولوجية مثل الجمع . ونظرًا لأن الطفل التوحدي يتعلم العبارات ككل فإن الحدود الخاصة بالكلمات

غير مفهومة , فعندما يتعلم عبارة مثل أنا ذاهب إلى النادي فإنه يكررها دون أن يعرف متى يكون الذهاب للنادي . ومن مظاهر لغة الطفل التوحدي أن تكون الجمل ذات ترتيب خاطئ , فقد يقول الطفل " الأرض علي الكتاب " بدلاً من " الكتاب علي الأرض " , وعلاوة علي ذلك فإنه يستخدم كلمات بدون خصائصها التركيبية , ومثل هذه الأخطاء من النادر حدوثها في لغة الطفل الطبيعي أو المتخلف عقلياً.

الإعاقة السمعية:

كما سبق أن ذكرنا هناك ارتباط وثيق بين السمع ونمو اللغة , وفي الحقيقة فإن السمع الطبيعي ضروري لنمو اللغة المنطوقة أو اللفظية , والطفل الذي لا يسمع اللغة من حوله يواجه صعوبة في تعلمها , ولذلك فإن أحد أسباب اضطرابات اللغة لدي الأطفال هي الإعاقة السمعية .

يقوم الجهاز السمعي بدور هام في التقاط الأصوات ونقلها إلى المخ , ومن أهم العناصر التي تشكل أساس إنتاج وفهم الكلام هو الجهاز السمعي السليم , كذلك يجب أن يكون المستمع قادراً علي اكتشاف الفروق الطفيفة التي تعكس الخصائص الفونيمية والصوتية للكلام , ولذا فالأفراد ذوي الفقد السمعي الحاد يجدون صعوبة في تفسير الإشارة الصوتية , وسيدركون الكلمات بشكل مختلف عن الأفراد ذوي السمع العادي.

ولذا فإن الإعاقة السمعية تلعب دوراً حيوياً في تدهور النطق , فكلما ازدادت حدة الإعاقة السمعية كلما كانت مشكلات النطق المصاحبة أكبر وأعمق , أي أن العلاقة بينهما علاقة طردية فكلما زادت حدة الفقد السمعي زادت معها مشكلات النطق .

ووفقاً لتعريف اللجنة التنفيذية لمؤتمر المديرين العاملين في مجال رعاية الصم بالولايات المتحدة الأمريكية فإن الأصم " هو الفرد الذي يعاني من عجز سمعي يصل لدرجة فقدان سمعي 70 ديسبل فأكثر , مما يحول دون اعتماد الفرد علي حاسة السمع في فهم الكلام سواء باستخدام السماعات أو بدونها أما ضعيف السمع فهو الفرد الذي يعاني من فقدان سمعي إلي درجة فقدان سمعي 35 : 69 ديسبل تجعله يواجه

صعوبة في فهم الكلام بالاعتماد علي حاسة السمع فقط سواء باستخدام السماعات أو بدونها ".

وتزداد صعوبة تعلم اللغة لدي الطفل الذي يولد أصم ، فهو يحرم من المثيرات الصوتية من بداية حياته , ولذلك نجد لديه رغبة طبيعية في تعلم الإشارات أكثر من رغبته في تعلم اللغة المنطوقة . وفي غياب التدريب المبكر والمكثف فإن لغة الطفل الأصم تكون تصبح مضطربة بشكل كبير , وعادة ما يعاني هذا الطفل من بطء في اكتساب الكلمات والعبارات وتراكيب الجمل , ويواجه صعوبة كبيرة في تعلم الفونيمات النحوية مثل الجمع والملكية وتصريف الأفعال . والعديد من هذه الفونيمات لا تلقي الاهتمام الكامل في الحوارات الطبيعية , ولذا فإن الطفل الأصم لا يدركها حتى مع استخدام مكبرات الصوت.

كما يواجه الطفل الأصم صعوبات إضافية في تعلم أشكال الجمل المعقدة , ويميل إلي استخدام الجمل البسيطة أو المعلومة. والطفل الذي يولد طبيعي السمع ويصاب بالصمم فيما بعد يكون قادراً بشكل عام علي تعلم بعض اللغة , ويعتمد مقدار اللغة أو مقدار اضطراب اللغة عند هذا الطفل علي الوقت الذي بدأت عنده الإعاقة السمعية , وكلما بدأت في سن مبكرة كلما ازداد تأثيرها علي اكتساب اللغة .

الإعاقة العصبيــة:

يري بعض الخبراء أن اضطرابات اللغة لدي بعض الأطفال تأخذ شكل الأفازيا الطفولية والنمائية والوالدية (Eisenson,J. 1986) والأفازيا هي أحد اضطرابات اللغة التي تحدث بسبب إصابة المخ , وتظهر كثيرًا لدي الراشدين الذين كانوا طبيعي اللغة قبل أن يتعرضوا للصدمة أو مرض عصبي أو إصابة في الرأس تدمر أجزاء محددة في المخ وبالتالي يفقد الشخص بعض أو كل لغته .

والأفازيا النمائية – تلك التي لا يكتسب الطفل فيها اللغة - تختلف عن الأفازيا التي تصيب الراشدين نتيجة إصابات المخ , أما الأفازيا النمائية فالطفل فيها لا تظهر عليه أي علامة عصبية لإصابة المخ , ولكن تظهر عليه علامات بسيطة مثل : النشاط

الزائد , وشرود الذهن ، وتقلب المزاج , وعندما تكون الإصابة العصبية نتيجة إصابة بسيطة يستخدم مصطلح إعاقة المخ البسيطة .

وفي العديد من الحالات يتم تشخيص أفازيا الطفولة عندما لا يصل الأطباء إلى تشخيص محدد . فعندما يعاني الطفل من اضطراب في اللغة ، وفي نفس الوقت لا يعاني من الإعاقة السمعية ، أو أي اضطرب انفعالي ، وليس لديه تخلف عقلي ، في هذه الحالة يتم تشخيصه بأنه يعاني من الأفازيا.

الشلل الدماغي:

يشير الشلل الدماغي إلي مجموعة من الأعراض تتمثل في ضعف الوظائف العصبية , ينتج عن خلل في بنية الجهاز العصبي المركزي أو نموه فهو اضطراب في النمو الحركي يحدث في مرحلة الطفولة المبكرة نتيجة تشوه أو تلف في الأنسجة العصبية الدماغية مصحوباً باضطرابات حسية أو معرفية أو انفعالية فالشلل الدماغي هو أحد الإعاقات الجسمية في الجانب الحركي يظهر علي شكل ضعف في الحركة أو شبه شلل أو عدم تناسق في الحركة يسببه تلف مناطق الحركة في الدماغ .

اضطرابات النطق لدي ذوي الشلل الدماغي:

كشفت نتائج العديد الدراسات عن أن الاضطرابات العصبية الحركية تظهر أن اضطرابات النطق تنتشر بين الأطفال المصابين بالشلل الدماغي بما يقرب من 70% إذ تسبب أنواعاً كثيرة من الشلل الدماغي مشكلات في النطق وذلك بسبب إصابة مراكز الدماغ التي تحد من القدرة علي ضبط وتحريك العضلات المسئولة عن الكلام , ومنها عضلات الفكين والحلق واللسان والرئتين أو إصابة الأعصاب التي تنتهي في هذه العضلات هذا إلي جانب إصابة المنطقة الصدغية المسئولة عن النطق في المخ . وعادة يكون التنفس المضطرب هو السبب الرئيسي في اضطرابات النطق لدي المصابين بالشلل الدماغي .

ومن أهم أشكال اضطرابات النطق والتي يعاني منها الأطفال المصابين بالشلل الـدماغي كما يشير عبد العزيز السرطاوي وجميل الصمادي (1998) هي :

1- **شلل عضلات النطق Dysathria** : تحدث اضطرابات النطق نتيجـة لوجـود شـلل في العضلات والأجهزة المسئولة بشكل مباشر عن إنتاج الكلام ويحـدث هـذا الشـلل بسبب إصابة الدماغ في المنطقة المسئولة عن الحركة والتي تؤدي نفسها إلي حالة الشـلل الـدماغي وتجدر الإشارة هنا إلي أن الفرد المصاب بالشلل في عضلات النطـق يجد صعوبة بالغـة في لفظ الأصوات بشكل مناسب .

2- **الخلل في اختيار وتتـابع الكلام (اللابراكسيا) Apraxia** : يظهـر الخلـل في اختيـار وتتابع الكلام علي شكل صعوبة في اختيار مواقع الأصوات والمقـاطع في الكلمات والجمـل ، ويحدث نتيجة الإصابة العضوية العصبية وبالتالي فإن الـذي يعـاني مـن هـذا النـوع مـن الاضطراب يغير المواقع والمقاطع كما أن هـذا الاضطراب يظهر علـي شكل خلل في تتـابع الكلمات والعبارات بترتيب ونسق معين يبـدو معـه الفـرد غير قـادر علـي إعـادة الكلمات والعبارات بشكل صحيح .

3- **فقـدان النطـق Aphasis** : وهـو فقـدان كـلي أو جـزئي في اللغـة الاستقبالية أو التعبيرية أو كليهما خاصة إذا أصيبت المراكز الدماغية المسئولة عن اللغة ، وعادة ما تكون هذه الإصابة ناتجة إما عن نزيف أو جلطـة دمويـة في الـدماغ . ومـا نركـز عليـه هنا هـو الجانب التعبيري للغة والذي يشمل قدرة الفرد علي التعبير اللفظي والتواصل مع الآخرين والفشل في التعبير اللفظي في حالة فقدان النطق بشكل كلي أو ضـعف في التعبير اللفظـي يكون سببا عن عوامل عضوية وهو المقصود بفقدان النطق.

سادساً : تأخر الكلام:

يدخل عامل الوراثة والقدرة العقلية والسمعية وطبيعة العائلة وعامل الجنس دوراً في تأخر الكلام، فالبنات أكثر تقدماً في عملية الكلام بسبب وفرة الوقـت الـذي تقضيه البنـت بجانب أمها أكثر من الذكور الذين ينصرفون للعب.

سابعاً : أسباب اضطرابات اللغة والنطق:

هناك مجموعة من العوامل تكون مسؤولة عن هذه الاضطرابات، منها ما يرجع إلى عوامل عضوية أو نفسية أو اجتماعية، وفيما يلي فكرة عن هذه الأسباب :

- **أسباب عضوية :** كاختلال الجهاز العصبي المركزي، واضطراب الأعصاب المتحكمة في الكلام، أو الضعف العقلي، ونقص في خلايا الدماغ، أو الإصابة بالصمم، أو بسبب عيوب الجهاز الكلامي، مثل : اختلال أربطة اللسان وسد فتحات الأنف أو تضخم اللوزتين وشق الحلق.

- **أسباب نفسية :** وهي الأسباب الغالبة على معظم عيوب النطق كالقلق والصراع والصدمات والمخاوف وعدم الشعور بالأمن، إن الكثير من المصابين ببعض الاضطرابات الكلامية يتكلمون بصورة طبيعية عندما يكونوا بأمان وبمفردهم ولكن يعود الاضطراب لهم إذا وجدوا في مواقف محرجة ومع آخرين يمثلون السلطة عليهم ... وهناك أسباب أخرى مثل :

- أنماط كلام الآخرين التي يتعرض لها الطفل أثناء تعلم الكلام.
- تمييز أحد الأخوة عن الآخر.
- المشاحنات المستمرة بين الأبوين.
- وجود الطفل في بيئة تتعدد فيها اللهجات واللغات.
- إجبار الطفل أعسر على الكتابة باليد اليمنى.
- إجبار الآباء أولادهم على النطق.
- استجابة لحاجة الطفل دون كلام.
- الأسرة قليلة الكلام كثيرة السكوت.

ثامناً : علاج اضطرابات النطق والكلام:

من الضروري أن يبدأ الطفل الذي يعاني من اضطرابات اللغة في الحصول على العلاج قبل أن يصل إلى سن المدرسة، لأن اكتساب اللغة عادة يتم على مدار الخمس سنوات الأولى من عمر الطفل، وفيما يلي عرض لبعض الطرق المستخدمة في العلاج:

1- العلاج الجسمي:

التأكد من أن المريض لا يعاني من أسباب عضوية خصوصاً النواحي التكوينية في الجهاز العصبي وأجهزة السمع لأن السمع هو أول خطوات اكتساب اللغة، فإذا كان ضعف السمع هو السبب فيمكن التغلب عليه بواسطة سماعات الأذن أو زراعة القوقعة لبعض الحالات التي يعاني من ضعف شديد.

2- العلاج النفسي:

ويكون بتقليل التوتر النفسي للطفل وتنمية شخصيته ووضع حد لخجله، ومعرفة الصعوبات التي يعاني منها والعمل على معالجتها.

3- العلاج الكلامي:

وهو علاج مكمل للعلاج النفسي ويجب أن يلازمه، وهو أسلوب للتدريب على النطق الصحيح عبر جلسات متعددة عن طريق أخصائي علاج النطق. ويتم تدريب المريض عن طريق:

● تقليد الكلمات.

● الاسترخاء الكلامي : حيث يجعل المريض في حالة استرخاء بدني وعقلي ثم يبدأ في قراءة قطعة ببطء شديد مع إطالة في كل مقطع يقرأه، مثل : بندورة، ب .. ن .. دو .. رة.

● تمرينات الكلام الإيقاعي : أي ربط كل مقطع من الكلمة بواحد ن الإيقاعات الآتية، تصفيق بالأيدي أو ضرب بأحد القدمين على الأرض.

● تدريب جهاز النطق والسمع عن طريق استخدام المسجلات الصوتية وتقوية عضلات النطق.

● تظليل الكلمات : حيث يقوم المريض بترديد ما يقوله أخصائي النطق من كلمات وجهاً لوجه، في نفس الوقت وبفارق جزء من الثانية.

● أسلوب النمذجة : حيث يأخذ الطفل زمام المبادأة ويقوم المعالج بتكرار الجمل الناقصة التي يتلفظ بها الطفل، ويضيف إليها الكلمات الناقصة بهدف توسيع ما يتلفظ به الطفل.

4- العلاج البيئي:

إدماج الطفل في نشاطات اجتماعية ورياضية وفنية وجعله يلعب مع أطفال آخرين، حتى يتدرب على الأخذ والعطاء ويتاح له فرصة التفاعل الاجتماعي وتنمية الشخصية.

إن عيوب النطق التي تستمر عند الطفل حتى مع توفير الاستثارة الإضافية والدلالات التي يقدمها المعالج يصعب في العادة تدريب الطفل على تصحيحها وتظل سمة ترافق كلامه، وبعض الأشخاص لا بد لهم من الاستعانة بوسائل أخرى بما لديهم من قدرات للتواصل مع الآخرين ومعرفة ما يجري، كإشارات اليد، تعبيرات وإيماءات الوجه، الأصوات التي تقوم مقام الكلمات.

تاسعاً : تمارين مساعدة للنطق والكلام:

- التحكم بحركات اللسان أمام المرآة.

- فتح الفم وإخراج اللسان بشكل مروس للخارج دون لمس الأسنان أو الشفاه ثم إعادته للداخل ببطء.

- فتح الفم وجعل اللسان يلامس الأسنان في الفك الأعلى ثم الأسفل ببطء وبسرعة.

- فتح الفم وجعل اللسان يقوم بعملية نقلة من اليمين إلى الشمال وبالعكس.

- فتح الفم وجعل اللسان يقوم بعملية دائرية حول الشفاه.

- إغلاق الفم وتحريك اللسان بشكل دائري.

- فتح الفم وإدخال اللسان إلى الوراء وجعله يلامس آخر الفك الأعلى.

- نفخ شمعة أو فقاعات صابون أو ريشة.

- ترقيص لهب شمعة عن بعد لأطول مدة.

- جذب الهواء للداخل كتمرين التثاؤب لرفع سقف الحلق.

- تدريب الطفل على التنفس السليم لإخراج الصوت (شم وردة من الأنف ثم النفخ من الفم).
- تدريب الشفاه بنطق الحروف الصوتية، أ .. و .. ي، أأ .. الوطنية .. ي ي ...
- تقسيم الكلمات إلى مقاطع، مثقل : تلفون، ت .. ل .. فون.

عاشراً: نصائح مهمة للأسرة التي لديها طفل مصاب باضطرابات في اللغة:

- الإنصات بصبر إلى حديث الطفل وعدم الالتفات للطريقة التي يتحدث بها.
- تكرار الكلمات التي يقولها الطفل بشكل صحيح.
- نطق الكلمة التي يقولها الطفل بشكل صحيح بزيادة كلمة أو اثنتين معها.
- التركيز على الأصوات التي ينطقها الطفل بصورة صحيحة ولكنه يحذفها، أو يستبدلها. مثال قال (تمك) هنا تقول له : س س س سمك.
- تعليم الطفل بهدوء الكلمات التي يحتاجها للتعبير عن شعوره.
- سؤال الطفل أسئلة متعددة الخيارات مثلاً : تريد حليباً أم عصيراًَ ؟
- النظر إليه بصورة طبيعية وهو يتكلم.
- الغناء للطفل أناشيد جميلة.
- قراءة القرآن يومياً عليه.
- إضافة مفردات على الجمل التي يقولها الطفل، إذ قال عصير تقول (محمد يريد عصير).
- مدح الطفل عندما يعبر عن شعوره وأفكاره.
- طلب من الطفل أن يوصل المهام لفظياً. مقال : (بابا يريد شاي).
- طلب من الطفل أن يقلد أصوات الحيوانات.

- عدم انتقاد الطفل وإجباره على تغيير طريقة كلامه وتصحيح أخطائه باستمرار.
- إغلاق التلفزيون أو الراديو عند تناول الطعام مع الأسرة.
- توفير جواً منزلياً هادئاً.
- اختيار كلمات التدريب من البيئة المحلية (كرسي، شجرة، محمد).
- قراءة الطفل لكتاب يناسب مستواه التعليمي.

الخاتمة

1- عرف ابن سينا معظم أعضاء جهاز النطق ووصفها وصفاً تشريحياً دقيقاً مبيناً طبيعة كل عضو ووظيفته ودوره في إنتاج الأصوات اللغوية.

2- أن ابن سينا أول من ذكر دور الحنجرة ووظيفتها وأهميتها في عملية التصويت.

3- أن ابن سينا كان أول من ذكر الوترين الصوتيين من العلماء العرب وذكر دورهـما في الأصوات وخاصة المفردة والمركبة (الشديدة والرخوة).

4- استخدم ابن سينا علمه بالطب والتشريح والفسيولوجيا والفيزياء والنفس وغيرها من العلوم في الدراسة الصوتية والتي تبعـه الغرب بعد ذلـك في الاستفادة من هذه العلوم في الدراسات الصوتية.

5- تبين أن الغضروف الذي سماه ابـن سـينا بالـذي لا اسـم لـه هـو الغضروف الحلقي Cricoid.

6- وصف ابن سينا مخارج الحروف حرفاً حرفاً وصفاً فيزيائياً متفرداً ومتميـزاً بـذلك عـن جميع العلماء

7- أن ابن سينا أدرك كثيراً مـن الظواهر الصوتية الأكوسـتيكية التـي عالجها المحـدثون كالتموج، والذبذبات، والوسط المادي الذي ينتقل من خلاله الصوت، التي تنتج عنه سعة الاهتزازات وطولها، وهذا يتفق مع ما جاء به علم الأصوات الحديث.

8- أدرك ابن سينا فونولوجيا الصوت في المفهوم الحديث وذلك واضح من خلال معرفتـه بالعديد من اللغات كالفارسية والتركية ....

المصادر والمراجـع

القرآن الكريم:

1. آل ياسين، جعفر، فيلسوف وعالم، دراسة تحليلية لحياة ابن سينا، ط1 1984م، دار الأندلس، بيروت- لبنان.
2. إبراهيم ، عبد الفتاح، مدخل في الصوتيات، بدون طبعة 1999م، دار الجنوب للنشر، تونس.
3. آفرون، الكسندر، الصوت، ترجمة محمد عز الدين فؤاد، ود0 علي شعيب،ط1 1962، مطبعة دار العلم العربي، القاهرة - مصر.
4. ابن أبي اصيبعة، موفق الدين أبي العباس أحمد بن القاسم السعدي ، الخزرجي، عيون الأنباء في طبقات الاطباء، ضبطة وصححة ووضع فهارسة، محمد باسل عيون السود، ط1 1998م، دار الكتب العلمية، بيروت - لبنان.
5. الأنطاكي، محمد، المحيط في الأصوات العربية ونحوها وصرفها، ط1 1972/، بيروت - لبنان.
6. أنيس، إبراهيم،الأصوات اللغوية، ط4 1962م، مكتبة الانجلو المصرية -مصر.
7. أصوات اللغة عند ابن سينا، ط1 1963م، مؤتمر مجمع اللغة العربية،القاهرة - مصر.
8. أيوب، عبد الرحمن، أصوات اللغة، ط1 1994، مكتبة الشباب - المنيرة - مصر.
9. البرقوقي، محمد عاطف، الموج الساحر، ط1 1947م، دار المعارف للطباعة والنشر- مصر.
10. بشر، كمال محمد، الأصوات العربية، ط1 1987، مكتبة الشباب - مصر- بورون، حلود رياج، وكاترين س0 هارس، ولورانس، رافائيل، أساسيات علم الكلام، دراسة في فسيولوجيا الكلام وسمعياته وادراكه، ترجمة الدكتور محي الدين حمدي، ط1 1987م، دار مدى للثقافة والنشر - سوريا.
11. الجاحظ ، أبو عثمان عمرو بن بحر، البيان والتبين، تحقيق وشرح عبد السلام هارون. ط1 1960، مكتبة لجنة التأليف والترجمة والنشر - القاهرة-مصر.
12. ابن الجزري، الأمام الحافظ محمد بن محمد الجزري، التمهيد في علم التجويد، تحقيق الدكتور علي حسين التواب، ط1 1985،مكتبة المعارف،الرياض-السعودية.
13. النشر في القراءات العشر، أشراف وتصحيح ومراجعة علي محمد الضباع، بدون طبعة، دار الفكر- دمشق.

14. ابن جني، أبو الفتح عثمان، سر صناعة الاعراب، تحقيق محمد اسماعيل، واحمد رشيد شحاته عامر، ط1 2000م، دار الكتب العلمية – بيروت – لبنان.

15. ابن حجة الحموي، أبو بكر بن علي بن عبد الله، خزانة الأدب وغاية الأرب، دراسة وتحقيق د. كوكب دياب، ط 2001م، دار صادر بيروت-لبنان.

16. حركات، مصطفى، الصوتيات والفونولوجيا، ط1 1998م، دار الثقافة للنشر- القاهرة- مصر.

17. ابن حزم، أبو محمد علي بن أحمد الظاهري(ت 456هـ) ، افصل في الملك والأهواء والنحل ، تحقيق د. محمد إبراهيم نصر- وعبد الرحمن عميرة، بدون طبعة 1985م، دار الجليل، بيروت-لبنان.

18. حسام الدين، كريم زكي، الدلالة الصوتية، ط1 1992م، مكتبة الانجلو المصرية، القاهرة - مصر.

19. حسان، تمام، اللغة العربية، معناها ومبناها، ط2 1979م، الهيئة العامة للكتاب، القاهرة - مصر.

20. حمو، أحمد ، محاولة ألسنية في الإعلال، مجلة عالم الفكر، المجلد العشرون، العدد الثالث، 1989م، الكريت.

21. حنفي، جلال، قواعد التجويد والإلقاء الصوتي، ط1 1985م، وزارة الأوقاف، لجنة إحياء التراث الإسلامي، العراق.

22. أبو حيان، أثير الدين محمد بن يوسف الأندلسي (654-745هـ) ارتشاف الضرب من لسان العرب، تحقيق مصطفى النحاس، ط1 1984م، القاهرة - مصر.

23. ابن خلكان، أبي العباس شمس الدين أحمد بن محمد بن أبي بكر وفيات الأعيان وأنباء أبناء الزمان، قدم لها محمد عبد الحميد المرعشلي، أعد فهارسها رياض عبد الله عبد الهادي، ط1 1997م، دار أحياء التراث، بيروت – لبنان.

24. خليل حلمي ، التفكير الصوتي عند الخليل – ط1 1988م، دار المعرفة ، الجامعة- مصر.

25. الخليل، عبد القادر مرعي العلي، المصطلح الصوتي عند علماء العربية القدماء في ضوء علم اللغة، ط1 1993م، مطبعة جامعة مؤته – الأردن.

26. الخولي،محمد علي،الأصوات اللغوية، ط1 1987م، مكتبة الناشر،الرياض السعودية.

27. ابن دريد الدفاع، علي عبد الله، المناحي العلمية عند ابن سينا، ط1 1987م، مطبوعات نادي الطائف الادبي – السعودية.

28. دنيس وبنش، بيترواليوت، المنظومة الكلامية، دراسة في فيزياء وبيولوجيا، اللغات الشفهية، ترجمة الدكتور محي الدين حميدي – مراجعة الدكتورأحمد ابو حاقة، ط1 1991م، دار الكتب الوطنية، الجمهورية الليبية.

29. الرازي ، فخر الدين بن محمد بن عمر ، كتاب المباحث المشرقية في علم الألهيات والطبيعيات، ط1 1966م، مكتبة الأسد بطهران-إيران.

30. الزركلي، خير الدين، الاعلام، ط3 1992م، دار العلم للملايين، بيروت-لبنان.

31. الزمخشري، ابو القاسم محمود بن عمر، أسرار البلاغة، ط1 1996م، مكتبة

32. لبنان ناشرون، بيروت – لبنان.

33. الزين، عبد الفتاح ، قضايا لغوية في ضوء الألسنية، ط1 1987م، الشركة العالمية للكتاب، دار الكتاب اللبناني-لبنان.

34. السعران ، محمود، علم اللغة، (مقدمة للقارئ العربي)، بدون طبعة، 1962م، دار النهضة، بيروت-لبنان.

35. أبو سكين، عبد الحميد محمد، دراسات في التجويد والأصوات اللغوية، ط1 1983م،مطبعة الامانية، شبرا – مصر.

36. سيبويه، أبو بشر عمرو بن عثمان بن قنبر، الكتاب، ط1 1999،علق عليه الدكتور اميل بديع يعقوب، دار الكتب العلمية، بيروت – لبنان.

37. ابن سينا، الرئيس أبو علي الحسين، الشفاء، الطبيعيات، الفن السادس، النفس، تحقيق الأب جورج قنواتي وسعيد زايد، تصدير وتقديم الدكتور ابراهيم مدكور، ط1 1975ن المكتبة العربية، وزارة الثقافة – مصر.

38. الشفاء، جوامع الموسيقى، تحقيق زكريا يوسف، تصدير ومراجعة أحمد فؤاد الأهواني ومحمود أحمد الحقني، ط1 1975، المكتبة العربية، وزارة الثقافة، مصر ـ القانون في الطب، حققه ووضع فهارسه وعلق عليه أدوار الفش، قدم له بالعربية والفرنسية، علي زيعور، ط1 1987، مؤسسة عز الدين للطباعة والنشر ـ بيروت – لبنان.

39. رسالة أسباب حدوث الحروف تحقيق محمد حسان الطيان، ويحيى مير، ط1 1983، دار الفكر – دمشق. رسالة أسباب حدوث الحروف، أمر بتصويرها محب الدين الخطيب، ط1 1923م، المطبعة السلفية- مصر. عمار، أحمد شوقي، الصوت، ط1 1985م،دار الراتب الجامعية، بيروت- لبنان.

40. شاهين، عبد الصبور، العربية لغة العلوم والتقنية، ط2 1986م، دار الاعتصام، القاهرة - مصر.

41. الشايب ، فوزي ، محاضرات في اللسانيات ، ط1 199م، وزارة الثقافة – الأردن.

42. شمس الدين، عبد الأمير، المذهب التربوي عند ابن سينا، من خلال فلسفته العلمية، بدون طبعة، الشركة العالمية للكتاب – مصر.

43. الشهروزي الصفا، أخوان، رسائل أخوان الصفا وخلان الوفاء، أعداد وتحقيق الدكتور عارف تامر ط1 1995م، منشورات عويدات، بيروت – لبنان.

44. الصفدي، صلاح الدين خليل بن أيبك، الوافي بالوفيات، باعتناء يوسف خان اس، النشرات الإسلامية،ط3 1991م، يصدرها جمعية المستشرقين الألمان، ألبرت ديتريش.

45. الضالع، محمد صالح، علم الأصوات عند ابن سينا، ط1 1990، دار المعرفة الجامعية - مصر.

46. ابن الطحان، أبو الإصبع السماني الاشبيلي، مخارج الحروف وصفاتها، تحقيق محمد يعقوب تركستاني، ط1 1984م، تنفيذ مركز الصف الإلكتروني ، الرياض - السعودية.

47. طرابيشي ، جورج ، معجم الفلاسفة ، ط1 1987م، دار الطليعة للطباعة والنشر بيروت - لبنان.

48. عبد التواب، رمضان، مدخل الى علم اللغة، ط1 1978، بدون طبعة، دار الاعتصام - القاهرة - مصر.

49. عبد الجليل ، عبد القادر، الأصوات اللغوية، ط1 1998م، دار صفاء للنشر والتوزيع -الأردن.

50. عبد الرحمن ، ممدوح القيمة الوظيفية للصوائت ، بدون طبعة 1998م، دار الفكر الجامعية-مصر.

51. العبد الله، شتيوي صالح، التشريح الوظيفي علم وظائف الأعضاء، ط 2001م، دار الأرقم للطباعة والنشر - الأردن.

52. عبد الله، عبد الجبار، علم الأصوات ، ط1 1955م، مطبعة العاني بغداد - العراق.

53. عبده،داود، دراسات في علم أصوات العربية، بدون طبعة 1970م، مؤسسة الصباح، الكويت.

54. العسقلاني، شهاب الدين أحمد بن علي بن محمد علي بن أحمد، لسان الميزان، حقق نصوصه وعلق عليه مكتب التحقيق، بإشراف محمد عبد الرحمن المرعشلي، ط1 1995م، دار إحياء التراث العربي، ومؤسسة التاريخ العربي، بيروت-لبنان.

55. العطية، خليل إبراهيم ، في البحث الصوتي عند العرب ، ط1 1983م دار الجاحظ للنشر، بغداد - العراق

56. عمار، أحمد شوقي، الصوت، ط1 1985م، دار الرتب الجامعية، بيروت-لبنان.

57. عمر، أحمد ، دراسة الصوت اللغوي، ط1 1976م، عالم الكتب ، القاهرة-مصر.

58. الفارابي، محمد بن محمد بن طرفان، الموسيقى الكبير، تحقيق وشرح غطاس عبد الملك خشبة، مراجعة وتصوير محمد أحمد الحنفي، ط1 1970م، دار الكتاب العربي، القاهرة-مصر.

59. الفراهيدي، الخليل بن أحمد، كتاب العين، تحقيق مهدي مخزومي وابراهيم السامرائي ط1 1980 دار الرشد للطباعة والنشر – العراق.

60. فياض، سليمان، معجم السمع والسمعيات ط1 2000م، مكتبة لبنان ناشرون، بيروت – لبنان.

61. الفيروز ابادي، مجد الدين بن يعقوب، القاموس المحيط، تحقيق مكتبة التراث في مؤسسة الرسالة بإشراف محمد نعيم العرقسوسي، ط6 1998م، مؤسسة الرسالة، بيروت – لبنان.

62. البلاغة في تراجم أئمة النحو واللغة، حققه محمد المصري، ط1 2000م، دار سعد الدين للطباعة والنشر – سوريا.

63. القالي، أبو علي إسماعيل بن القاسم، البارع في اللغة، تحقيق هاشم الطعان، ط 1975م، مكتبة النهضة، بغداد-العراق.

64. كرجية، أمجد، فيزياء الصوت والحركة الموجية، ط1 1985م، مديرية دار الكتب والنشر، جامعة الموصل – العراق.

65. مالبرج، برتيل، الصوتيات، ترجمة الدكتور محمد هليل، ط1 1985م، مطبعة التمدن المحدود، الخرطوم – السودان.

66. مصلوح، سعد، دراسة السمع والكلام، ط1 1980م، عالم الكتب القاهرة – مصر.

67. المطلبي، غالب فاضل، في الأصوات العربية، ط1 1984م، منشورات وزارة الثقافة والأعلام – العراق.

68. ابن منظور، جمال الدين محمد بن مكرم الانصاري، لسان العرب، ط2 1993م، دار أحياء التراث العربي ومؤسسة التاريخ العربي، بيروت – لبنان.

69. ميرغني ، جعفر ، جرس اللسان العربي ، ط1 1985م، المنظمة العربية للتربية والثقافة والعلوم – مصر.

70. نور الدين، عصام، علم الأصوات اللغوية، ط1 1992م، دار الفكر اللبناني، بيروت – لبنان.

71. النوري ، محمد جواد، علم الأصوات العربية ، ط1 1996م، منشورات جامعة القدس المفتوحة – فلسطين.

72. الهليس ، يوسف ، علم الصوتيات الموجي والسمعي عند علماء المسلمين القدماء ، بدون طبعة 1985م، المجلة العربية للدراسات اللغوية.

73. هويكتر، جونز ، أطلس التشريح الوظيفي للإنسان، تحرير جورج ود. زورديما، رسوم ليون شلوسبرنج ، ترجمة الأستاذ الدكتور إبراهيم العش. ط1 1982م، الجمعية المصرية لنشر المعرفة والثقافة العالمية، القاهرة – مصر.

74. يعقوب ، أميل بديع ، المعجم المفصل في اللغويين العرب ، ط1 1997م، دار الكتب العلمية، بيروت – لبنان.

75. ناصر، أماني، 2006، مقالات في التربية وعلم النفس، دمشق، دار كيوان.

76. الكانيد، ديفيد – واينر، ب ايرفينغ، 1996، نمو الطفل، ج1، ترجمة : ناظم الطحان، دمشق، منشورات وزارة الثقافة.

77. السيد، محمود، 1993، علم النفس اللغوي، منشورات جامعة دمشق.

78. فهمي، مصطفى، 1975، أمراض الكلام، ط5، مكتبة مصر.

79. سليمان، نبيل، 2001، التخلف وعلم نفس المعوقين، ط3، دمشق، جامعة دمشق.

80. مقدمة في اللغة والتخاطب، 2005، مجلة عالم الإعاقة، عدد 72، ص ص 12-23، الرياض، مؤسسة العالم للصحافة والنشر.

81. أمين، سهير، قراءة مجدي محمد عيسى، 2002، اللجلجة وأسبابها وعلاجها، مجلة عالم الإعاقة، عدد 32، ص 36، 37، الرياض، مؤسسة العالم للصحافة والطباعة والنشر.

82. الحويج، صالح المهدي : اضطرابات الكلام عند الأطفال، الانترنيت، موقع المنتدى العربي الموحد www.4uarab.com

83. مشاكل اضطراب الكلام، الانترنيت، عالم بلا مشكلات، www.noo-problems

84. اضطرابات اللغة، منتدى الوراثة الطبية، الانترنيت، هالة صابر، www.epaediatrics.org

85. ذوي الاحتياجات الخاصة، النطق والسمع، الانترنيت، المصدر : (شبكة الخليج) www.werathah.com

86. اضطرابات اللغة والكلام، الانترنيت، منتدى صحة الطفل ذو الاحتياجات الخاصة، forum.amrkjaled.net

87. القمش، مصطفى فوزي، 2000، الإعاقة السمعية واضطرابات النطق واللغة، دار الفكر، الأردن.

88. بيلاوي، إيهاب، 2003، اضطرابات النطق، دليل أخصائيي التخاطب والمعلمين والوالدين، مكتبة النهضة، القاهرة، مصر.

89. عبد الله، سهير محمود، 2005، اضطرابات النطق والكلام والتشخيص والعلاج، عالم الكتب، القاهرة، مصر.

90. شافية، فارس موسى، 1987، اضطرابات النطق عند الأطفال العرب، الجمعية الكويتية لتقدم الطفولة العربية، الكويت.

91. مشرف، عبد القادر مرعي، 2006، رسالة ماجستير في عيوب النطق وأمراض الكلام، جامعة مؤتة، الكرك - الأردن.

92. زهران، البدراوي، 1994، ج2 في علم الأصوات اللغوية وعيوب النطق ، دار المعارف، القاهرة.

93. سليم، عبد العزيز إبراهيم، 2004، مدى فاعلية علاج تكاملي لحالات اللجلجة، رسالة ماجستير، جامعة الإسكندرية، مصر.

94. مجلة الأم والطفل، العدد 397، 1980.

95. عيوب النطق وأمراض الكلام، باسم مفضي- المعايطة، عبد القادر مرعي الخليل، مشرف، 2006، اللغة العربية، نطق، اللغة العربية، أصوات، رسالة جامعية (ماجستير في اللغة والنحو)، جامعة مؤتة (الكرك، مؤتة)، كلية الآداب، قسم اللغة العربية وآدابها، 2006.

96. في علم الأصوات اللغوية وعيوب النطق، البدراوي، زهران، دار المعارف، 1994، القاهرة.
97. الإعاقة السمعية واضطرابات النطق واللغة، مصطفى نوري القمش، دار الفكر، عمان، 2000.
98. اضطرابات النطق : دليل أخصائيي التخاطب والمعلمين والوالدين، إيهاب البيلاوي، مكتبة النهضة المصرية، القاهرة، 2003.
99. اضطرابات النطق والكلام : التشخيص والعلاج، سهير محمود أمين عبد الله، عالم الكتب، القاهرة، 2005.
100. في اضطرابات النطق عند الأطفال العرب، سلسلة الدراسات العلمية الموسمية المتخصصة، فارس موسى المشاقبة، الجمعية الكويتية لتقدم الطفولة العربية، الكويت، 1987.

فهرس المحتويات

الفصل الثاني : الباب الأول : فيزياء الصوت والسمع

الفصل الثاني : الباب الثاني : علم الأصوات السمعي

الفصل الثالث : مخارج الحروف وصفاتها عند ابن سينا